长城文化带

主编／段柄仁

古北口

李东明／编著

北京出版集团公司
北京出版社

图书在版编目（CIP）数据

古北口 / 李东明编著. — 北京：北京出版社，2018.3
（京华通览）
ISBN 978-7-200-13441-4

Ⅰ. ①古… Ⅱ. ①李… Ⅲ. ①乡镇—介绍—密云区 Ⅳ. ①K921.5

中国版本图书馆CIP数据核字（2017）第267098号

出 版 人	曲　仲
策　　划	安　东　于　虹
项目统筹	孙　菁　董拯民
责任编辑	董拯民　李　梓
封面设计	田　晗
版式设计	云伊若水
责任印制	燕雨萌

《京华通览》丛书在出版过程中，使用了部分出版物及网站的图片资料，在此谨向有关资料的提供者致以衷心的感谢。因部分图片的作者难以联系，敬请本丛书所用图片的版权所有者与北京出版集团公司联系。

古北口
GUBEIKOU

李东明　编著

北京出版集团公司
北京出版社　出版
*
（北京北三环中路6号）
邮政编码：100120

网　址：www.bph.com.cn
北京出版集团公司总发行
新 华 书 店 经 销
天津画中画印刷有限公司印刷
*
880毫米×1230毫米　32开本　6.75印张　139千字
2018年3月第1版　2022年11月第3次印刷
ISBN 978-7-200-13441-4
定价：45.00元

如有印装质量问题，由本社负责调换
质量监督电话：010-58572393

《京华通览》编纂委员会

主　任　段柄仁
副主任　陈　玲　曲　仲
成　员　（按姓氏笔画排序）
　　　　于　虹　王来水　安　东　运子微
　　　　杨良志　张恒彬　周　浩　侯宏兴
主　编　段柄仁
副主编　谭烈飞

《京华通览》编辑部

主　任　安　东
副主任　于　虹　董拯民
成　员　（按姓氏笔画排序）
　　　　王　岩　白　珍　孙　菁　李更鑫
　　　　潘惠楼

序

PREFACE

擦亮北京"金名片"

段柄仁

北京是中华民族的一张"金名片"。"金"在何处？可以用四句话描述：历史悠久、山河壮美、文化璀璨、地位独特。

展开一点说，这个区域在 70 万年前就有远古人类生存聚集，是一处人类发祥之地。据考古发掘，在房山区周口店一带，出土远古居民的头盖骨，被定名为"北京人"。这个区域也是人类都市文明发育较早，影响广泛深远之地。据历史记载，早在 3000 年前，就形成了燕、蓟两个方国之都，之后又多次作为诸侯国都、割据势力之都；元代作为全国政治中心，修筑了雄伟壮丽、举世瞩目的元大都；明代以此为基础进行了改造重建，形成了今天北京城的大格局；清代仍以此为首都。北京作为大都会，其文明引领全国，影响世界，被国外专家称为"世界奇观""在地球表面上，人类最伟大的个体工程"。

北京人文的久远历史，生生不息的发展，与其山河壮美、宜生宜长的自然环境紧密相连。她坐落在华北大平原北缘，"左环沧海，右拥太行，南襟河济，北枕居庸""龙蟠虎踞，形势雄伟，南控江淮，北连朔漠"。是我国三大地理单元——华北大平原、东北大平原、蒙古高原的交汇之处，是南北通衢的纽带，东西连接的龙头，东北亚环渤海地区的中心。这块得天独厚的地域，不仅极具区位优势，而且环境宜人，气候温和，四季分明。在高山峻岭之下，有广阔的丘陵、缓坡和平川沃土，永定河、潮白河、拒马河、温榆河和蓟运河五大水系纵横交错，如血脉遍布大地，使其顺理成章地成为人类祖居、中华帝都、中华人民共和国首都。

这块风水宝地和久远的人文历史，催生并积聚了令人垂羡的灿烂文化。文物古迹星罗棋布，不少是人类文明的顶尖之作，已有1000余项被确定为文物保护单位。周口店遗址、明清皇宫、八达岭长城、天坛、颐和园、明清帝王陵和大运河被列入世界文化遗产名录，60余项被列为全国重点文物保护单位，220余项被列为市级文物保护单位，40片历史文化街区，加上环绕城市核心区的大运河文化带、长城文化带、西山永定河文化带和诸多的历史建筑、名镇名村、非物质文化遗产，以及数万种留存至今的历史典籍、志鉴档册、文物文化资料，《红楼梦》、"京剧"等文学艺术明珠，早已成为传承历史文明、启迪人们智慧、滋养人们心灵的瑰宝。

中华人民共和国成立后，北京发生了深刻的变化。作为国家首都的独特地位，使这座古老的城市，成为全国现代化建设的领头雁。新的《北京城市总体规划（2016年—2035年）》的制定和中共中央、国务院的批复，确定了北京是全国政治中心、文化中心、国际交往中心、科技创新中心的性质和建设国际一流的和谐宜居之都的目标，大大增加了这块"金名片"的含金量。

伴随国际局势的深刻变化，世界经济重心已逐步向亚太地区转移，而亚太地区发展最快的是东北亚的环渤海地区、这块地区的京津冀地区，而北京正是这个地区的核心，建设以北京为核心的世界级城市群，已被列入实现"两个一百年"奋斗目标、中国梦的国家战略。这就又把北京推向了中国特色社会主义新时代谱写现代化新征程壮丽篇章的引领示范地位，也预示了这块热土必将更加辉煌的前景。

北京这张"金名片"，如何精心保护，细心擦拭，全面展示其风貌，尽力挖掘其能量，使之永续发展，永放光彩并更加明亮？这是摆在北京人面前的一项历史性使命，一项应自觉承担且不可替代的职责，需要做整体性、多方面的努力。但保护、擦拭、展示、挖掘的前提是对它的全面认识，只有认识，才会珍惜，才能热爱，才可能尽心尽力、尽职尽责，创造性完成这项释能放光的事业。而解决认识问题，必须做大量的基础文化建设和知识普及工作。近些年北京市有关部门在这方面做了大量工作，先后出版了《北京史》（10卷本）、《北京百科全书》（20卷本），各类志书近900种，以及多种年鉴、专著和资料汇编，等等，为擦亮北京这张"金名片"做了可贵的基础性贡献。但是这些著述，大多是服务于专业单位、党政领导部门和教学科研人员。如何使其承载的知识进一步普及化、大众化，出版面向更大范围的群众的读物，是当前急需弥补的弱项。为此我们启动了《京华通览》系列丛书的编写，采取简约、通俗、方便阅读的方法，从有关北京历史文化的大量书籍资料中，特别是卷帙浩繁的地方志书中，精选当前广大群众需要的知识，尽可能满足北京人以及关注北京的国内外朋友进一步了解北京的历史与现状、性质与功能、特点与亮点的需求，以达到"知北京、爱北京，合力共建美好北京"的目的。

这套丛书的内容紧紧围绕北京是全国的政治、文化、国际交往和科技创新四个中心，涵盖北京的自然环境、经济、政治、文化、社会等各方面的知识，但重点是北京的深厚灿烂的文化。突出安排了"历史文化名城""西山永定河文化带""大运河文化带""长城文化带"四个系列内容。资料大部分是取自新编北京志并进行压缩、修订、补充、改编。也有从已出版的北京历史文化读物中优选改编和针对一些重要内容弥补缺失而专门组织的创作。作品的作者大多是在北京志书编纂中捉刀实干的骨干人物和在北京史志领域著述颇丰的知名专家。尹钧科、谭烈飞、吴文涛、张宝章、郗志群、马建农、王之鸿等，都有作品奉献。从这个意义上说，这套丛书中，不少作品也可称"大家小书"。

总之，擦亮北京"金名片"，就是使蕴藏于文明古都丰富多彩的优秀历史文化活起来，充满时代精神和首都特色的社会主义创新文化强起来，进一步展现其真善美，释放其精气神，提高其含金量。

2017 年 11 月

目录

CONTENTS

概　述 / 1

古镇历史

雄关要塞始于斯 / 7

长城关口盛名久 / 9

往来南北玉帛通 / 11

雄关锁钥气势雄 / 13

但留形胜壮山河 / 15

京师锁钥

地险雄关归 / 20

北来锁钥屹雄关 / 22

关城堞堄倚云开 / 26

作堑边防持玉垒 / 29

远跨边城百尺虹 / 34

战事纵览　辽金战古北 / 41

元朝古北口混战 / 45

大战俺答兵 / 48

古北口抗战 / 53

古北口保卫战 / 61

古迹寻踪　民谣声声唱古迹 / 67

庙宇胜迹知多少 / 76

"两步三座庙"景观奇 / 83

老宅大院话沧桑 / 92

交通概览　漫话古北大道 / 96

古北驿道 / 98

古北邮驿 / 101

古御道上的故事 / 103

通古铁路 / 108

古镇人物　地理学家郦道元 / 112

驿路上的远行者 / 114

民族英雄戚继光 / 117

纪晓岚"蓝出于青" / 119

	肃顺古北"走麦城" / 121
	冯玉祥军次北口 / 123
	妇女界楷模廉维 / 126
	柳林旧地话乡贤 / 130
传说故事	古北口地名的传说 / 135
	山神助力修长城 / 138
	姊妹楼的传说 / 141
	水门关的传说 / 143
	蟠龙山的由来 / 145
	卧虎山的传说 / 147
	"一捧雪"玉杯传奇 / 150
	杨家将抗日 / 153
民风民俗	庙　会 / 157
	民间花会 / 161
	百家姓村 / 167
	"老话儿"语言 / 170
	特色小吃 / 174
诗文撷英	苏辙古北口吟咏 / 180
	顾炎武雄关慨叹 / 183
	顾陈垿赋诗 / 185

纳兰心事几曾知 / 187

康熙诗咏古北口 / 190

曹寅中秋颂古关 / 194

赵翼两咏古北口 / 196

魏源古北口咏雪 / 197

参考资料 / 200

后　记 / 203

概 述

山苍水白卧牛城,三尺黄旗万马鸣。
半夜檀州看秋月,河山表里更分明。
——清·曹寅《古北口中秋》

20世纪30年代古北口全景图

北京，作为中国历史文化名城，凭借其悠久的历史、辉煌的文化，如一颗璀璨夺目的明珠穿越时空沉淀在人们的心底。京北重镇古北口，作为长城要塞和京师门户而更具有厚重的历史文化底蕴和传奇色彩。如果说千年古都北京是一条腾飞的巨龙，那么，古北口就是闪闪发光的"龙睛"。古北口展现了北京地区所特有的边塞景观，是北京极富魅力的历史文化的重要组成部分。

古北口足以雄奇名闻天下，是由于其南控幽燕，北捍朔漠，为控山海、居庸两关的长城要塞的锁钥重地，自古便有"京师锁钥"之称，自古是兵家必争之地。

这里不仅有着令人称奇的自然景观，还有着极富魅力的历史文化积淀，并因此著称于世。在几十平方公里的风景区内，繁多的文化古迹，记载了中华民族两千年来的历史变迁，融会了中国古文化精华的儒、佛、道各家文化精髓。历史上无数思想巨子、豪杰志士、达官显贵、圣僧名道、文人墨客在此驻足，并留下诸多千古佳作，为这座军事重镇增添了无尽的文化气息，使其在豪

雄伟的古北口长城

迈之中亦显儒雅之气。

　　春秋战国时期，燕国为了防止东胡进犯，在此设墩驻防；北齐年间又在此筑石砌长城；隋朝时，这里成为燕蓟段长城守卫重要军镇之一；唐朝时期始称"古北口"，设"北口守捉"；金泰和五年（1205年）置"北口城"；元朝设立古北口驿，后置古北口千户所；明洪武年间修筑长城，同时修建了古北口城及水门关，设守御千户所并置重兵把守；隆庆年间重修长城，古北口遂成为蓟镇西协四大关口之一；清代在此地辟御道，筑行宫，建柳林营，建提督府、督司衙门。

　　名山多佛道，自古源远流长。而古塞边关寺庙众多，碑、塔、亭与长城融为一体是古北口的特色。据传古北口的庙宇在鼎盛时期多达72座，规模之大、数量之多极为罕见。古北口是体现佛教、道教文化的重要地区，这里很早就有了佛教、道教的活动。能准确追溯初建年代的庙宇就有建于辽太平五年（1025年）的杨（业）令公祠（亦称杨令公庙）、建于明洪武十一年（1378年）的药王

古北口吕祖庙

庙、财神庙等十几座，此外这里还建有吕祖庙、关帝庙、玉皇庙、瘟神庙、圣佛殿、菩萨庙等，可谓集寺庙文化之大成。

儒、佛、道是中国传统思想文化的主体部分。古北口作为一座历史文化名镇，其最大特色，便体现在儒、佛、道三教共存，相互交流融汇，共同奠定了古北口深厚的历史文化底蕴。"古北口三宗宝，七郎坟、令公庙，琉璃影壁靠大道；一步三眼井，两步三座庙。"这是当地有名的民谚，足以道出这里古迹众多之特点。漫步山水之间，寺院、道观、讲堂等"三教"名胜随处可见，与山川奇景、人文景观交相辉映，儒、佛、道三教共生共存，交相辉映，共同创造出古北口灿烂的历史文化。

古北口在中国近代史上亦有着极其重要的地位，特别是1933年的长城抗战。在长城各口抗战中，古北口之战堪为"激战中之激战"，因其战况最激烈、战时最长、对战局影响最大，而成为这次抗战的主战场。在此国难当头、民族危亡之际，广大爱国将士，誓死卫国，同仇敌忾，血洒长城，其铁血精神，早已与古北口的青山绿水融为一体。凝结着无限爱国情思的历历往事，终成古北口文化中耀眼的一环。

此外，古北口还是浓缩的民俗文化大观园。从五代时期的后晋时期开始，这里就逐渐发展成为关内外重要的贸易中心，到清末民初时，此处已有多条大街，商铺数十家，是名副其实的商贾云集之地。文化与经济的繁荣，使古镇贸易兴盛，众多民族聚集于此，朝夕与共，和睦相处，孕育出多姿多彩的民族文化，让人不由发出"住古镇三日，犹尝遍五湖风情"之感慨，其赞叹之情，溢于言表。

20世纪30年代古北口河西村街市

难怪人们能绘声绘色地描述出古北口古迹的壮美画卷："雄关名胜古迹存，令公祠堂表忠勋。东关一带青峰翠，西山七郎黄土坟。万里长城分翰域，千层高塔指烟云。岩腰陡立中悬洞，坡面徘徊对垒门。"可谓画中有史，史中有画。

古镇历史

地险雄关归,秋临独客惊。
马头悬汉月,山背络秦城。
草带烽烟色,蝉为朔吹声。
舆图正无外,大漠亦神京。
——清·顾陈垿《古北口》

古北口，位于密云县东北部与河北省滦平县交界处，控山海关与居庸关要塞之间，是万里长城上著名的关塞之一。这里地处燕山深处，潮河自关外奔流而来，由于急流处于蟠龙、卧虎两山之间，形成一个狭窄的隘口，是燕山山脉各隘口中地势较为险峻的一处，自古即为华北平原通往东北平原、内蒙古的交通要冲之一，被誉为"京师锁钥"。

雄关要塞始于斯

古北口，自古为南北交往的天然通道。战国时期，各诸侯国为了互防和防御北方少数民族，纷纷修筑长城，据《史记·匈奴列传》载，以蓟为都的燕国，曾把大将秦开作为人质送到东胡，秦开深得东胡人信任，熟悉了东胡地区的情况后，回到燕国，率领燕军大破东胡，把东胡向北赶出上千里，于是"燕亦筑长城，自造阳（河北怀来境内）至襄平（辽宁省辽阳市），置上谷、渔阳、右北平、辽西、辽东五郡，以拒胡。"燕筑此段长城，设五郡的时间在战国后期的公元前283年，其中渔阳郡治即在密云区统军庄村南的南城子，这是古代自华北平原通过古北口北上这条交通要道上的又一个重要城市。自此至北朝时期，古北口便一直属渔阳郡所辖。

为了更有效地防止东胡入侵，燕国开始在古北口筑墩设防，

1860年英国人比托最早拍摄的古北口长城

如有敌人来袭,则即刻报警,远近驻军便能迅速驰援,有效地保证了疆域安全。

秦统一六国后,把原秦、赵、燕等国修筑的长城加以修缮并连接起来,筑成了西起临洮、东至辽东万余里的秦长城,以防范北方的匈奴,西汉时期又重新修缮了北方长城。并在古北口河西村附近建㶽奚城,为古北口最早的古城。

燕及秦汉长城在古北口以北数百里,当时燕山及其古北口等隘口处于东北边疆第二道关塞之地位。秦汉至魏晋时期,北方的匈奴、乌桓、鲜卑等民族有时突破长城而进入古北口侵扰山南地区,有时又与山南地区进行友好贸易往来。

十六国及北朝时期,北方少数民族羯、氐、鲜卑等突破燕山,纷纷南下建立地方性政权，古北口亦是其南下主要的路线之一。这些少数民族南下之后，古北口所在的燕山又成为其防御更北民族的天然屏障。

长城关口盛名久

　　北朝时期，为了防御更北的游牧民族和临近的其他政权，各朝都非常重视修筑长城，据《北史·齐本纪》记载，北齐天保七年（556年），"自西河总秦戍（今山西大同西北）筑长城，东至海（指山海关渤海），前后所筑，东西凡三千余里。"北齐此次为了防御

残破的古北口北齐长城

突厥、奚和契丹族而修筑的长城经过古北口，这是古北口第一次筑建长城。

北齐长城曾被隋唐修缮利用。隋朝建立后，派周摇负责修缮燕蓟段长城，于古北口设立军镇，为燕蓟段长城上设立的31个军镇之一。古北口自唐代始获其名，因是唐幽州（今北京）之北重要关口而得名"北口"。唐代在此设有北口守捉，屯兵驻守。守捉是唐代边疆设兵戍守之军事区域，其上有军，其下有城、镇、戍。当时幽州长城之外为奚族聚居区，所以古北口又称"奚关"。唐代北口，五代时起已称古北口或虎北口。最早记载发生在古北口的战事，就是五代后梁乾化三年（913年），晋王李存勖攻取幽州时，遣大将刘守光率领一路兵马攻克古北口。后梁龙德元年（921年）十月，契丹主阿保机军自古北口入檀州（治今密云）、顺州（治今顺义）等十余城，十二月又自古北口出。

由于长城的修筑，守御方的防御能力大大增强，很多时候入侵的外族或外敌都被守城的军队和长城工事挡了回去，但是，由于历史文献多记载外敌突破长城防线、侵扰边内的情况，而将许多外敌寇边不克的事实忽略，所以我们今天能找到的古代战事资料多是外敌破关成功的事例，即使如此，我们也可从中看出，雄关要隘古北口一直是兵家必争的战略要地。

往来南北玉帛通

辽代对长城工程经营不多，但对前代长城沿线尤其是幽燕北部古北口等关塞却非常注意。辽初，契丹统治者常对中原北宋王朝作战，每年冬季契丹兵马在内蒙古高原东部地区集结，然后南下，入古北口等关口，在南京（今北京）周围待命，所以当时古北口仍未失去其在军事上的重要作用。

自1004年宋辽订立"澶渊之盟"停战和好以后，双方经常互派使者。辽在其南京、中京（今内蒙古宁城境内）、上京（今内蒙古巴林左旗境内）之间设有驿道，古北口驿路成为宋使由辽南京北上中京、上京最常走的路，古北口关外设有驿站。在宋人文集中，有不少关于古北口的诗文。1039年，北宋韩琦出使契丹途经古北口时写下了《过虎北口》诗一首："东西层巘入嵯峨，关口才容数骑过。天意本将南北限，即今天意又如何。"描写了古北口形势的险要和对中原民族丧失了本以限南北的长城屏障之感叹。1089年，苏辙奉使契丹途中，曾作诗多首，其中《谒杨无敌祠》一诗云："行祠寂寞寄关门，野草犹如碧血痕。一败可怜非战罪，太刚嗟独畏人言。驱驰本为中原用，常享能令异域尊。我欲比君周子隐，诛肜聊足慰忠魂。"杨无敌，即杨家将之首杨令公，为北宋名将，长期驻守雁门关一线，对辽作战屡有克捷，频立战功，威震契丹，被称为"杨无敌"，后战死。杨业英勇不屈的气节深为辽人所敬仰，在辽宋和好后，辽为了表示对这位英雄的崇敬和对宋朝的友好，特意在宋使经常经过的古北口修建了"杨令公祠"，以备宋使祭祀、观览，以及激励辽朝将士效忠本朝。该祠历经千年，至今犹存。

辽代的古北口，又是南北贸易往来之地。辽圣宗统和四年（986年），因古北口等关口的官吏违反朝廷税法，滥征商旅，致阻商旅，圣宗下令加以处罚。

东北女真人起兵并建立金政权后，辽朝加强了对古北口的防守。辽末，宋、金联兵攻辽，1121年，金将希尹于古北口大破辽兵。1122年，金攻克辽南京，半年以后，于1123年将燕京（今北京）及燕山以南的檀、顺等六州交给宋朝。宋在燕京建燕山府，并派由辽降宋的郭药师所部军队驻守古北口、居庸关等长城关口。但

关口才容数骑过

是，北宋对燕山府的统治只有短短3年，1125年，金将蒲苋又败宋兵于古北口，金兵重新攻占燕山府。金占领燕山以南地区后，为防蒙古族，在古北口等关口亦设关防。女真人称古北口为留斡岭。金宣宗贞祐二年（1214年），潮河水溢，曾将古北口铁裹门关漂至古北口东南12公里的老王谷。金沿用了辽代的古北口驿路，在古北口设有驿站。

元代，设有专门军队警备大都（北京）北部各关隘，古北口南潮河关（今潮关）设有千户所，中统二年（1261年）忽必烈亲自将诸万户汉军由檀州移至潮河川。元致和元年（1328年），由于帝位之争，上都（今内蒙古正蓝旗东北）军队进攻大都，一部分上都兵攻入古北口，大掠于今密云县北部，不久被大都兵击退。稍后，支持上都政权的辽东军又攻破古北口，与大都军队激战于檀州南，最终辽东兵万余人投降，只有部分残兵逃回辽东。元代古北口亦曾设驿站，古北口路是元大都和上都之间往来的道路之一。

雄关锁钥气势雄

明朝为了防御退回到漠北的蒙古势力，非常重视修筑北方长城和加强长城防务。洪武元年（1368年）徐达刚刚攻下元大都，朱元璋就命其整修居庸关、古北口、喜峰口等处关隘。1403年自明迁都北京以后，历朝皇帝更是把修筑长城作为边防要务，修长城几乎与整个明朝历史相始终。明代长城不仅城墙高筑，墩台林立，大多地段外包墙砖，各级军事力量和长城各级防御工程、镇城、路城、关城、堡城、敌台、墙台、城墙、烟墩等相互配合、层层节制，构成了一个以长城为核心的雄伟、完整、严密的军事防御体系，而且作战武器也有了很大发展，开始使用杀伤力更强的新式武器——火器，长城的军事防御能力因此更加强大了。

明代古北口更是一处雄关险隘，它既与东西两侧长城相互呼应，自成一个坚固的防御体系。这里不仅设有正关——铁门关，正关之西潮河上还有水门关，潮河水从其下的五道水门通过。水门以西悬崖壁立，悬崖脚下有一条紧密相连的敌楼，人称姊妹楼，长城自姊妹楼盘旋直上。正关南5里有古北口营城，即古北口城（今俗称关城），明洪武十一年（1378年）建，设守御千户所。洪武三十年（1397年）升为密云后卫，下辖左、右、中、前、后5个千户所，古北口路参将亦驻此城。

古北口正关南建有潮河营城，又称上营，驻兵守卫关口，指挥官为提督，今部分城墙及北墙上的玉皇庙尚存。古北口西南潮河川口还设有潮河关，筑有营堡，亦设提调守之，今城已毁。古北口关外潮河东西两岸还筑有两道"龙须"状夹墙，墙上各造三座敌楼，其外还有独立的烽燧，形成古北口关和潮河口外的一道钳形防线。古北口正是由于这重重防线、道道关口，共同构成一个坚固的防御体系，易守难攻。

明嘉靖二十九年（1550年），蒙古鞑靼部俺答汗之军巧用计策，突入古北口，兵临京师，发生了震惊朝野的"庚戌之变"，

古镇历史 / 15

雄伟的古北口长城姊妹楼

随后俺答部又从古北口退出。其后数年，俺答不断犯边，数次兵临古北口。虽然如此，明代的古北雄关作为京北整个长城防御体系的一个重要核心组成部分，在保卫安全方面起着重要的作用。

但留形胜壮山河

清朝对蒙古的政策是笼络蒙古王公首领，加以武威震慑，使之臣服，成为其"较长城更为坚固"的防御屏障。康熙二十年（1681年），在蒙古喀尔沁、敖汉、翁牛特等部落之间（今河北省围场县一带）辟木兰围场，即哨鹿围场，便是这种民族政策的具体体现。康熙、乾隆、嘉庆几代皇帝常于夏秋之季率领数以万计的人马兵丁到木兰围场型围打猎,会晤蒙古各部首领。木兰秋狝活动前后持续达140年之久。清帝多是自京师经密云出古北口,北赴木兰围场。御道沿途修建多处行宫,随着康熙四十二年(1703年)避暑山庄的兴建,它实际上已经成为清朝第二个政治中心。古北口是清朝皇帝北巡塞外去木兰围场和避暑山庄的必经之地,至今还保存着清御道的一些遗迹。

清代以后,未再修过长城。但是,清代在长城沿线的一些主要营堡仍在驻军,古北口的几处营城均有武官率兵驻守。古北口城驻有城守营都司;上营城,清初为满洲驻防,乾隆四十五年(1780年)将原驻热河的满蒙兵丁调此。清康熙三十二年(1693年),还在古北口潮河西卧虎山南依山设险修建了一处新的营城——柳林营,总兵驻此,雍正元年(1723年)裁总兵,置直隶通省提督,所以老百姓又称柳林营为提督府。

民国时期,古北口仍是北平(今北京)至承德的交通要道。1923—1924年(民国十二年至十三年),原清御道被改建为简易的现代汽车公路。1937—1938年(民国二十六年至二十七年),日本侵略者铺设了平承铁路,经古北口,基本与当时的平承公路平行。

古北口在抗日战争和解放战争中成为敌我双方争夺的战略要地。

1933年3月,由东北侵入热河的日本侵略者进一步向南侵犯古北口等长城关口。3月11日,日军向古北口发动进攻,中

英勇抗击日军的中国士兵

方先后有4个师参加抗战。由于敌我装备相差悬殊,经过激烈的战斗之后,中方军队被迫撤出古北口,逐步向南天门、大小新开岭、石匣、密云方向撤退。此后,古北口一直被日军占领,直至1945年日本投降。日伪军在此还设置了所谓"海关"。古北口抗战,前后历时两个多月,毙伤日军5000多人,中国守军伤亡8000多人。虽然古北口抗战和整个长城抗战一样以失败而告终,但它作为长城抗战的主战场之一,有力地打击了日本侵略者,阻挡了日军直下北平的道路,在中华民族抵御外侮的史册中,留下了光辉的一页。

1945年8月,日本帝国主义宣布投降,抗日战争胜利,国民党反动派疯狂地抢占胜利果实,国共两党还在重庆谈判停战问题的时候,蒋介石就授意国民党军队在停战令下达和生效之前迅速从古北口、喜峰口等长城关口向热河解放地区发动进攻,企图抢占东三省。1946年1月9日，国民党军队和部分日军向古北口进犯。中国人民解放军经过6天激战，击退了国民党军的进攻，赢得了著名的古北口保卫战的胜利，挫败了蒋介石迅速抢占古北口的计划，粉碎了其抢占东三省的企图。

古北口，这是一座真正的雄关，是一座一直拥有真正使命的雄关。古北口，曾迎送了多民族的千军万马，见证了中华民族发展史中的无数变迁。中华人民共和国成立后，古北口真正回到了人民的手里。1949年，人民政府就开始着手对京承公路进行整修，后经多次改建拓宽，101国道从古北口穿关而过，沟通着燕山南北商贸、旅游等的自由往来。进入21世纪后，京承高速公路又通过古北口，让古北口这一被长城捧在手心的小镇仍然是沟通关内外的桥梁。

京师锁钥

黄谷清河古戍间,銮车此日省方还。
长林曲抱千溪水,小径斜通万仞山。
地扼襟喉趋朔漠,天留锁钥枕雄关。
时平不用夸形胜,云物秋澄斥堠闲。
　　——清·玄烨《回銮抵古北口》

地险雄关归

位于燕山深处的古北口要塞，峰峦环抱，山高势险，东有蟠龙山，西有卧虎山，两山对峙，紧锁潮河，大自然造就的山口险境，令人惊叹。

卧虎山海拔 665 米，地势险峻、陡峭。山峰南缓北陡，脊尖底宽，山形颇具卧虎之势，头高尾低，头卧西山，尾扎潮河，威猛雄壮。虎头为一座山峰，阔头阔口，上筑有长城，惊险奇绝。两块石岩犹如两只虎牙，峰顶的一块巨岩颇似虎的额头，额头下的几块巨岩分别构成虎鼻、虎口、虎须，山的主体构成虎的身躯。虎尾修长，根粗尾尖，一直延伸至潮河西岸。明代修长城时水门墙壁从虎尾处通过，虎尾尖处是拦河坝，中间留出流水孔道，可谓设计精巧，独具匠心。这样的山势，加之虎头上的长城楼台、虎背上的长城墙体、虎尾的水门奇观，让人拍案称绝。

蟠龙山和卧虎山隔 101 国道而望，本来连绵的山势在此画上了一个逗号。蟠龙山的头为两座小山峰，象征龙须。在"龙头"的南端仔细观察，有两处岩石又恰似龙的二目。由龙须、龙眼和龙角组成的龙的头形，越是远观形象就越逼真。蟠龙山山势盘旋起伏，螺旋式旋转升腾，龙头昂首向天，似要腾空而起。山峰尾在潮河岸边，头在东岭高峰，龙身蜿蜒起伏，头尾相衬，气度非凡。

雄伟的蟠龙山长城

尤为让人惊叹的是古人在蟠龙山段长城上创造的奇迹，在 5 公里的山势上建起了 40 余座敌楼，登上千疮百孔的将军楼，饮风回望，但见巨龙蜿蜒，群山壮丽。说是蟠龙山似蟠龙，确是名不虚传。

卧虎、蟠龙两山之间是闻名的潮河。潮河，发源于丰宁满族自治县黄旗镇北部哈拉海湾水泉坝高尖（现称潮河源村）。历史上潮河名称各异，西汉时称沽水，东汉至唐称鲍丘水。北魏地理学家郦道元在他的《水经注》里称"鲍丘水出御夷北塞中，俗称大榆河"。辽、北宋、金时称潮鲤河。明时，称潮河川。明蒋一葵《长安客话》及清《畿辅通志》称其水性湍悍，音响如潮，故名潮河。潮河自河北省滦平县西部流入密云古北口境内，终注入密云水库。

潮河南来，峡谷洞开，所以"四面环山，一水中流"便成为古北口独有的自然韵味。由于燕山山脉在这里被潮河冲刷出了一个大口子,俨然一条天然通道,北方游牧民族顺河南下便可直捣京师乃至整个华北平原,所以中原王朝必在此布下重兵防守,此处成为兵家必争之地。明代诗人杨选在《巡边》一诗中有这样的吟咏:"潮河潮河,流迫山阿,中有嗟呀之巨石,旁倚峻嶝之危坡。长垣占乎重隘,铁垒肃乎金戈,既全地利,又获人和,虏兮虏兮奈如何!"真是道尽了关河之险。

北来锁钥屹雄关

古北口地处潮河峡谷之间,峡谷西有卧虎山,东有蟠龙山,为虎踞龙盘之险要关隘,因之古称虎北口,自秦汉设防,至今已有2000多年的历史。

古北口地势险要,自古就是北方民族南下中原的必经之路。为防范外患,统治者便在古北口一带筑关建城,使其渐成锁钥之地。

战国时期,古北口属燕地。公元前283年,燕将秦开大败东胡,随后修筑了自造阳(河北怀来境内)至襄平(今辽宁之辽阳)的长城,并置治所在密云的渔阳、上谷等五郡。这道长城远在古北口以北,古北口处于东北边疆第二道关塞的地位。

随着古北口军事地位日显,西汉政权建立后,在古北口内潮河西建立了厗奚县,这是古北口境内最早的城池。《水经注·鲍丘水》云:"鲍丘水又南迳厗奚县故城东。"鲍丘水由北而南流的河段是在古北口内一段,故可断定西汉厗奚县故城应在古北口内潮河之西。《历代地理志韵编今译》云:"厗奚,西汉县,(属)渔阳郡,今直隶顺天府密云县东北。"而今,厗奚故城早已难觅踪迹。

古北口作为万里长城上的一处重要关隘,历来起着拱卫京师的重要作用。在很长的历史时期里,这里可以说是北方民族与中央政权的分水岭。但辽、金入侵北京,以正统王朝自居后,又都分别据守古北口而抵御同是北方民族的其他民族。此时古北口已不单是民族的分水岭,更多地开始成为保卫中原政权与正统观念的"堡垒",而据守古北口也成为契丹、女真等民族融入中华民族的一个象征。

金章宗泰和五年(1205年),为防北方蒙古族进犯,于古北口建"北口"城,这是古北口历史上的第二座城池。此城三面环山,一面临潮河,因山设市,居高临下,东、西、北三面只有一条山间的狭窄街道通向城内。关上有敌楼,楼东西各有敌台一座。守

险要雄壮的北口铁门关

城者站在东城上，便能清晰地观察到城外西、北两方向数里的动静。因而金北口城便成为进可攻、退可守，千军难进，万马难入的"金城汤池"。

明朝建立后，统治者的目光一下子被古北口吸引，于是，古北口再度建城，城上又有了关。

为加强防务，明洪武十一年（1378年），朱元璋派大将徐达负责督建古北口一带的长城和古北口城。原金筑北口城，因为范围小，防御设施不完善，难屯重兵，所以需建新城。新城靠北齐长城南侧，北连金北口城，跨南北两山，城墙随山势升降，蜿蜒曲折，呈多角菱形。城墙从山顶外侧经削直凿平的山石上直接垒起来，高约5米，内侧仍是山石。所以，明代的古北口城，外观有城，内观却无。城墙外切山为堑，造成外面高不可攀，内面低如平地的易守难攻的形势。除此而外，为利于防守，在城北门外向东转角的地方，人工开凿成宽16米至20米，深6米至10米，长约166米的深壕，用以切断道路，使敌人无法兵临城下。

此城将金筑北口城南城墙，也就是北齐石砌长城的北面，用城砖加厚1米左右，成为新城的北城墙，而山槽南和药王庙东的城墙则完全为当时新建。新建的古北口城与金北口城一样，都是巧妙地利用了北齐长城修建城墙，可谓因地制宜，旧物利用。当时的金北口城仍有重要的防御作用。而新建的古北口城则无论从地势还是从建筑形式上，都比北口城更高更险，故称"城上之城"。

明古北口城，城墙高达10米，厚4米，因山势起伏，呈不规则多角形。全城周长两公里多，东西宽，南北微狭，设东、南、

铁门守关

北三门。中为峡谷,谷中溪流名为红门川,穿城西流入潮河。城东门北侧建有长、宽、高各10米的拱台,上有垛口;南门向西南,背靠南山,建有高拱城洞,券顶外砌着刻有"古关"二字的石匾,右侧是水洞;北门建于半山的山梁缺口处,以砖石砌筑城台,高达10米多,宽达3米多,门洞深约12米。此外,北门外依地势在西部建有瓮城,瓮城城台上三间殿宇奉有关帝铜像。北门正对着就是关帝庙、药王庙殿院。院门外南部30米处紧靠城墙的是琉璃影壁。

清朝顺治年间,建都司衙门于玉皇阁、文昌阁东。康熙年间在古北口仓西设二府衙门(顺天分府,正名驿站理事同知署)。清末,又在都司衙门设地方治安机构——巡检衙门。此外,城内多数是官宅,商家为数亦不少,尤其是北门外至铁门关商家最多,而大部分居民则居住在东关和南关。

清光绪十六年八月十六日（1890年9月29日），一场特大山洪将东门城洞、南门水洞及沿河两岸的衙市房舍全部冲毁，河坝也被淤平。后来东门的水洞便作了东门，至今尚存。洪水过后，古北口出现了城外为市、城内为郊的独特局面。

关城埤堄倚云开

提到古北口城，就不能不提古北口关城。关城，即古北口长城正关，距古北口城两公里。其位于蟠龙、卧虎两山间的峡谷之上，潮河自峡口流入，两岸山崖壁立，原有道路仅容一车。长城沿山麓向东西两侧延伸，蜿蜒曲折、千里不绝。关口建在河东岸，外有瓮城，两门用铁皮包裹，称为"铁裹门"，即"铁门关"。铁门关的名称，在金宣宗贞祐二年（1214年），就有因"潮河水涨将铁裹门冲至老王谷"的记载，由此推断，其距今已有近800年历史。关上有敌楼，楼东西各有敌台一座，现已不存。

铁门关城楼下即两千多年来南北往来的古代道路。在西侧的潮河河道上，旧建有水关，下设三道水门既可使河水流过，又有效地解决了敌人沿河水侵入关门这一难题。水关之上的城墙东与铁门关之关门连接，西则跨河与卧虎山脚下的万里长城建筑中仅此一处的姊妹楼敌台相接，如此巧夺天工的水上长城，既精美绝

1909年5月经过古北口的商队

伦又有很大的实用性,在明代长城建筑中可谓凤毛麟角,堪称中华民族瑰宝。遗憾的是清乾隆三十五年(1770年),大雨数日,河水暴涨,冲毁了这段长城。因是御路所经之地,残破的建筑有碍观瞻,故拨款修复。在修复后的次年(1771年),新建筑又被洪水所毁,只好采取因势利导的方法,在岸上修筑炮台,不再修复水上长城,现仅存岸头基址。

此处关城,东部城墙与蟠龙山相交近在咫尺,高峻挺拔,筑敌台3座、烟墩4个(三圆一方),依山取势与金山岭长城相交达5公里。河西姊妹楼敌台高低揖让,向北沿主峰西去将近1公里,筑敌台3座,往西北建有圆形烟墩3个,为夹城。现存两层十二眼和三层十六眼敌台两座,被称为"二龙吐须"城。古北口地形险要,加之关城又建于此,使古北口在防务上如虎添翼,更呈"一夫当关,万夫莫入"之势。

古北口关城之所以险要,还在于与它相互形成掎角之势的两座城堡，即司马台城堡和潮河川城堡。

司马台城堡位于古北口镇东南约15公里的司马台村，为明代所建城堡。该城堡现有南北二门，城东西152米，南北137米许。这一线防卫军事体系，从司马台往东17.5公里达曹家路，往西北15公里达古北口。现城已残破，残存山石砌筑的城墙，两座城门近年得以修复。

司马台城堡

潮河川城堡始建于明代，位于古北口镇河西村西南2.5公里处，其东倚蟠龙山，西邻潮河，呈方形，有西、北二门，西门城台正中石额镌"雄峙潮河"四字。城墙以河卵石砌筑，就地取材，十分坚固，可惜年久失修多已倒塌。

据史料记载，明代此城堡设守备1员，清代设把总1名，统领兵丁驻守。此外，这里还驻有清骁骑营，为援助热河行宫的清代帝王御驾亲兵，乾隆四十五年（1780年）驻密云县檀营及古北口。驻古北口者，所指即潮河川城堡，俗称上营。当年该营属正黄旗，设防守御1名、防御2名、骁骑校4名、委骁骑校催领马甲养育兵丁210名。明代文学家汤显祖在这里写下《送人从军》一诗:"鸦鹘盘云秋气清,长川饮马暮嘶声。新穿绣甲花褛子,知是潮河第一营。"

作堑边防持玉垒

明朝建立以来,特别是定都北京后,古北口极易先受到北方民族冲击的外长城,是京师第一道屏障。于是,古北口成了重点布防地区。

古北口千户守御所 明洪武二年(1369年),置密云卫,洪武九年(1376年)八月,敕密云卫分兵戍守古北口,使之烽堠相望;洪武十二年(1379年)九月,置古北口守御千户所。

古北口仓 建于明洪武十二年(1379年),嘉靖十三年(1534年)重修,由翰林院编修撰写"重修古北口仓碑记"石碑一块。清康熙年间由同知郑富民再次重修。

后卫学署 建于明洪武八年(1375年),明嘉靖四十四年(1565年)重修,原在城东门外,后因失火被焚。万历年间由刘应节、戚继光迁建于城内,正殿祀文昌,俗称文昌阁。

密云后卫署 明洪武三十年(1397年),古北口设守御千户所改为密云后卫,为26外卫之一。设总兵驻守,辖古北口东24寨、西8寨及中、前、左、右、后5个千户所，共5600名兵丁。署内设指挥使2名，同知6名，指挥佥事5名，掌印指挥1名，卫镇抚司2名，经历1名，5千户所及正、副千百户共35名。

驿站理事同知署　清康熙三十二年（1693年）设置，当地俗称"顺天府分府"或简称"二府衙门"，现仅存石狮子一对。

都司署　为清顺治初年所置，亦称城守营、元营，负责古北口城防。内有提标都司1名，中军千总1名，把总2名（分驻司马台、潮河川堡），外委1名，额外1名，马兵31名，马49匹，步兵150名。

巡检衙门　为清代后期所置，负责地方治安，后改为警察分局。

总铺　为接待过往官员及驿吏食宿之机构，位于古北口城南关，为密云境内三总铺之一，沿古北口境内清代御道所经村庄都设有散铺。总铺设壮役3名，营兵3名。每散铺各设巡役1名、更夫1名。

驿传道署　康熙三十九年（1700年）设置，位于潮河川堡城南，主要负责传递官方文书任务，还兼管承德府平泉、滦平、丰宁、赤峰等州县满、蒙旗民事务，由理藩院派员直接管理此衙署。

古北口镇的潮河西岸是河西村，河西村南紧临潮河河湾，北靠卧虎山，山坡前地势较平缓。这片平缓的地段东西长约1.5公里，南北宽约1公里，如同狭长的条状船形。

清康熙三十二年（1693年），在此建柳林营，并筑有东西两座街门（过街楼）。东门台座下券门通车马，台座上建三间殿宇，为庑殿顶形式，正脊间塑有二龙戏珠图案，殿内奉文魁星神像；

西门亦建有庑殿顶殿堂三间，内供奉观音大士像。券门上有石额"柳林营"三字。遗憾的是，两门均毁于"文化大革命"中。

街中部路北旧有直隶提督署衙门，占地达数十亩。衙署旧有正门3间，两侧八字墙，门前还有一对旗杆，上有刁斗，为军事机构独有的设置。门前隔街还有一座高大的影壁，上为麒麟浮雕，十分精美。正门前东西道路两边各建有一座牌

原古北口河西村入口楼门

楼，为四柱三楼式，即衙署的东西辕门。衙内为石铺甬路，通往大堂（接旨传令之所），大堂面阔5间，前带抱厦5间，精良高大。堂前两侧各有10间班房。大堂后有牌楼一座，再进是二堂（接待官员议事之处）、三堂（日常处理公事之所），均面阔5间。两厢配房各3间。四周环以虎皮花墙。现原有建筑已不存，仅剩下府前的一对石狮子，尚埋在地下。

据考证，直隶提督府原驻河北大名，康熙二十九年（1690年），蒙古噶尔丹叛乱，康熙帝御驾亲征出古北口，古北口绿营兵随行，八月与噶尔丹军大战于乌兰布通，一举消灭了噶尔丹军主力。此战后，康熙帝考虑到古北口距京师只有100多公里，是拱卫京畿的险塞，必须加强此地防务，以备不测。基于此种考虑，康熙

三十二年（1693年），移直隶提督府于古北口，提督府提督（从一品武官，相当于现在的省级军区司令员）统辖提标四营，节制七镇八协，兼辖河屯一协三屯等营。这样，提督府共辖中、前、左、右四营，标下设中军参将1员、游击3员、都司3员、中军守备4员、千总8员、中军千总1员、把总3员、外委额外43员；马兵246名，步兵930名。总计辖官66员，马步兵1850名，马671匹，自备马120匹。兵丁分驻石匣（前营）、密云城、顺义、古北口四地。据考证，先后有29任提督曾在古北口任职。

古北口提督实际上是直隶的军事第二把手。查阅史料可知，直隶绿营营制为顺治元年所定，当时，直隶设巡抚，并设六镇总兵官。后经改制，设总督、提督及七镇，总督驻保定府节制提督，提督驻古北口节制各镇。也就是说，直隶古北口提督虽然驻扎在古北口，负责管理的却是直隶绿营。要知道，绿营是清朝正规军的绝对主力，而当时的直隶更是囊括今天的河北、北京、天津，还有山东、山西、河南、辽宁、内蒙古的一部分，在这里做提督，实际上就是拱卫京师的驻军首脑人物，身份相当重要。

在提督府西的二仓胡同内还有参将衙门、游击衙门和守备衙门，不过规模较小，各占地20多亩，现只存围墙地基。

在西街门外路北卧虎山脚下，是旧时演武阅兵的校场旧址，占地达百余亩。校场中央原有一座城楼式的碉楼，是军事高官检阅操练兵马的阅武楼。据讲，河西村旧时古木参天，一片葱茏，尤以柳树最为繁茂，村里又是衙署，又是校场，还大量屯兵，故命名"柳林营"。

原古北口柳林营城门

除柳林营外,古北口还曾设练军五营。那是在慈禧"辛酉政变"夺取政权后,为了加强古北口的防御,在这里增驻五营练军,驻扎于福峰山往南至北甸子村西一带,削平了五处山脊,于同治五年(1866年)三月建成中营、左营、右营、前营、骑兵营等五营,驻军2500人,环山列成四里的钩铃星形,称为"练军五营",民国后裁撤。

如今,古北口河西全村1700多人拥有130个姓氏,是全国少见的"百家姓"村,且里面不乏"桐""索"以及"巴"等并不常见的姓氏。拥有这些姓氏的人正是当年来自五湖四海的驻军的后裔,这也从一个侧面说明当年此地军事位置之重要。

远跨边城百尺虹

尽管古北口关城占据险要位置，但还不足以称为"雄险"。为了让古北口成为"巩固万年基业"的雄关，历代统治者为古北口量身打造了一套极佳的防御体系——古北口长城。

古北口长城是中国长城史上最完整的长城体系之一，它由北齐长城和明长城共同组成，包括卧虎山长城、蟠龙山长城、金山岭长城和司马台长城4个城段。

古北口北齐长城位于明长城南部，北齐文宣帝天保年间，前后四次修筑长城。其中天保七年（556年），文宣帝高洋第三次大规模修筑长城，除了对在天保三年（552年）和天保六年（555年）所修筑的两处长城进行增筑外，又向东延伸新筑长城，至山海关海边止。东西长达1500多公里。大约5公里设置一戍，在重要的地方，还设置州镇25所。此段长城之长，仅次于秦汉长城。正是这道长城自西向东经过古北口，是密云县内修筑最早的长城，距今已有1450多年。

这段长城全长20多公里，西自古北口西山八道楼子起，朝东南方向延伸至潮河关，再东行至古北口城北墙根，后再分为两支，一支东北走向至明长城，一支东南走向至司马台关口与明长城重合。据史书记载，北齐长城多用毛石和泥土筑成，而古北口段长城，却是用石块、石灰和三合土修筑。因为古北口地区黄土缺少，而石灰岩和木柴丰富，于是就地烧石灰筑城，长城也更加坚固。

北齐长城历经北周、隋、唐、五代和明朝的修缮，直至清朝中后期，高墙还在，仍能起防御作用。近代以后，则逐渐自然坍塌，只剩石灰渣子、墙基和少数残存的石墙。虽然如此，北齐长城古北口段设置的几个重要关口尚在：潮河关，是明朝以前中原通往内蒙古和东北各地的必经之路；怀古城口，即明朝的七寨关，是古北口往北、西、南三条路的中心，可通骑；北门坡，即唐代称之的"北口"处，那时是自然山冈，较高，曾建有城门洞，为骑马和步行的主要关口；窨子峪口，为东、西、南、北、东北五岔路口，通骑不通车，口内有石堡遗址，跨东、西两山，堡内面积约有6000平方米。城虽毁，城基还很明显；丫髻山口，在窟窿山与丫髻山之间，城墙东西长不足10米，城墙厚21米，设城洞，形势险要，可通骑；汤河口，建明长城时改为司马台口，通骑。20多公里的长城再加上7个著名关口，便构成了北朝后期东北边疆的第二道军事防线。

明洪武十一年（1378年），朱元璋派大将军徐达率部开始修筑居庸关、古北口等处的长城。朱棣称帝之后重新建都北京，京城西北的居庸关、东北古北口便成了明王朝首都的两个重要门户。隆庆三年（1569年），内阁首辅张居正为了加强防务，将南方著名的抗倭名将谭纶与戚继光调来北方。谭纶任蓟辽总督，戚继光任蓟镇总兵。在戚继光任期内，蓟镇所管辖包括古北口在内

1909年5月8日，北京长城古北口，城墙、烽火台和潮河

的600多公里的长城，在其精密筹划及亲自监督下，数年间翻修、改造成京城外围一道城墙高峙、墩台林立的坚固防线。自那时起，长城便一直伫立在古北口的两山之间。

　　古北口明长城是古北口北部的第一道军事防线，也是明万里长城中最坚固的一段，更是今天唯一一段完整地保留了明长城原貌最精华的长城。燕山的巍峨蜿蜒、峰峦叠嶂衬托了古北口的山奇水丽，明长城随山势起伏，则更显沧桑壮美。自西至东依次为八道楼子长城、黄峪沟长城、卧虎山长城、万寿山长城、蟠龙山长城、五里坨长城、金山岭长城和司马台长城。整段40多公里曲折跌宕的长城线上，有敌楼和烽火台172座，烟墩14座、关口16个、水关长城3个、关城6个以及瓮城3个，还有许多卫、所、堡分布在外围，其惊、险、奇、特尽显。其中既有卧虎山长城段上长城历史上罕见的姊妹楼长城，又有长城历史上跨度最长

的水关长城，更有被称为"中国长城之最"的司马台长城。尤为让人称奇的是，当年徐达修古北口长城时，在北齐、明朝两处长

古北古道通南北

城重叠的地方，没有把原来的北齐长城推倒重修，而是在老城墙的外面又加固了一层砖墙。后来因为风雨侵蚀，明长城部分坍塌，露出了藏在里面的北齐长城，使我们能看到城包城的奇异景观。

古北口长城诸段长城中最著名的，当属司马台长城，被称为"中国长城之最"。

司马台长城位于密云县东北部与河北省滦平县交界处，东起望京楼，西到将军楼。始建于明朝洪武年间，属明代"九镇"中蓟镇古北口所辖。明朝万历年间，蓟辽总督谭纶和蓟镇总兵戚继光都曾重点加修这段长城，以防御北部少数民族南侵。

司马台长城东段到望京楼，全长约3公里，敌楼16座，是司马台长城的全部精华所在；西段与河北省滦平县整修的金山岭长城相接，全长约3.5公里，敌楼18座。

司马台长城沿刀劈斧削般的山脊修筑，惊险无比。尤其是天梯和天桥两段，更是险中之险。天梯是单面墙体，长约50米，坡陡、墙窄，呈直梯状沿山脊上升，两侧是百丈深渊。百级天梯东面是

天桥，长度仅100米，宽仅有30厘米，两侧是悬崖峭壁，俯首下望，令人目眩心悬，胆战心惊。

司马台长城敌楼密集，城墙建筑奇特多样。从外观看，长城敌楼有单眼楼、双眼楼、三眼楼、四眼楼、五眼楼；有单层楼、上下相通的双层楼和三层楼。这些都是空心敌楼，大小不一，形态组合各异，是按照驻军的官衔等级、驻防人数以及地形险要程度分别来修建的。从内部结构看，有砖结构、砖木结构、砖石结构；有单室、双室、多室之分；房间布局有"四"字形、"日"字形、"井"字形、"川"字形。楼顶变化多端，有平顶、穹隆顶、八角藻井顶、覆斗顶；门窗也新颖别致，有边门和中间门，有砖券和石券，还有技艺精湛的雕花花岗岩石门。

中国长城之最——司马台长城丽影

司马台长城东端的敌楼,就是著名的"望京楼"。望京楼修建于一座拔地而起的山峰顶端,是司马台长城的制高点,海拔986米,为空心砖眼楼,两层砖石结构。这里视野开阔,隐约可见北京城轮廓,故称望京楼。

在望京楼西有座仙女楼,是诸多敌楼中建造得最精美的一座。它掩映在老虎山山腰的花丛中,下部条石合逢,上部磨砖达顶,内部有青砖砌成的两道大拱、三条甬道、十个券门。顶部正中砌成蛛网状八角藻井,四边砌四个砖柱。楼门石柱上,还雕刻着两朵并蒂花捧着一个仙桃。整座楼处处给人以精巧、细腻、秀丽之感,仿佛这不是人间战争的防御设施,而是一座仙台楼阁。

司马台长城在建筑结构上还有一个独特的地方,就是由司马台关向东至望京楼段城墙之上,横切城面砌有一道道短墙。这种短墙叫作障墙,高约2.5米,有瞭望孔和射击孔。障墙相互交错地封锁住了城墙面的三分之二,即使敌人从某处攻上城墙,守城兵士亦可据守障墙,步步为营进行抵抗。

战事纵览

诸城皆在山之坳,此城冠山如鸟巢。
到此令人思猛士,天高万里鸣弓䩨。
——明·唐顺之《古北口》

古北口，是万里长城上战事最多的关隘之一，古往今来，它与战争结下了不解之缘。历史上有据可查的与古北口有关的大小战役达130次之多。记载最早的一次发生在古北口的战事，是后梁乾化三年（913年），晋王李存勖攻取幽州时，遣大将刘光浚率领一路兵马攻克古北口。

从商周到民国，数千年来古北口狼烟不绝，这里的每一寸土地，每一缕枯草，每一块墙砖，都见证过那些惨烈的战争，都记录了战争留给民族的灾难。

辽金战古北

在中国古代，辽金时期是一个颇具代表性的民族大融合时期。在这段时期内，契丹族、汉族、女真族之间发生了比较频繁的战争，与古北口密不可分。

见于记载最早的一次发生在古北口的战事，是后梁乾化三年（913年），晋王李存勖攻取幽州时，遣大将刘光浚率领一路兵马攻克古北口。辽初，契丹族未占领燕云十六州之前，多经古北口进犯中原。辽太祖神册元年（916年），契丹族于"十一月癸卯，下古北口。丁未，分兵略檀、顺、安远、三河、良乡、望都、潞、满城、遂城等十余城，俘其民徙内地。"（《辽史》卷二）可见，古北口一失守，中原门户顿开，契丹铁骑就蜂拥南下，给

辽人出行图

中原造成了极大的人力、物力损失。天赞二年（923年）"四月癸丑，（辽太祖）命尧骨攻幽州，迭剌部夷离堇觌烈徇山西地。庚申，尧骨军幽州东，节度使符存审遣人出战，败之，擒其将裴信父子。"（《辽史》卷二）尧骨就是后来的辽太宗——耶律德光。《辽史》卷七十五中详细记载："天赞初，析迭剌部为北、南院，置夷离堇。时大元帅率师由古北口略燕地，觌烈徇山西，所至城堡皆下，太祖嘉其功，锡赉甚厚。"可见，耶律德光的这次入掠，也是从古北口进入中原的。

古北口是南北重要的交通孔道之一，契丹铁骑无疑会多次出入。即使辽太宗会同元年（938年）十月，石敬瑭将燕云十六州割让给辽之后，古北口的重要作用也未改变。"其南伐点兵，多在幽州北千里鸳鸯湖。及行，并取居庸关、曹王峪、白马口、古北口、安达马口、松亭关、榆关等路。"(《辽史》卷三十四)辽太宗会同八年(945年)"十一月壬申,(辽太宗)诏征诸道兵,以闰月朔会温榆河北。十二月癸卯,南伐。甲子,次古北口。闰月己朔,阅诸道兵于温榆河。"(《辽史》卷四)

辽取得幽云十六州之后,不仅获得了十六州的土地、人民、财赋收入,更主要的是取得了对中原战争的战略主导地位。燕山等山脉的崇山峻岭不再是契丹铁骑南下的屏障,而变成了稳固的后方。华北大平原门户的敞开,使中原政权几乎无险可守。

辽代统治末期,辽贵族对北方其他民族进行肆无忌惮的剥削、压榨。东北的女真族不堪辽的压迫、掠夺,在完颜阿骨打率领下,奋起反抗,于公元1115年正式建国,国号大金。金的建立,对辽的统治产生了巨大的威胁,使宋朝统治者从中看到了收复幽云十六州的希望。宋徽宗于重和元年(1118年)派人赴辽东与金谈判合力攻辽事宜,宣和二年(1120年),又派遣赵良嗣、马政出使金国。双方签订盟约,规定:金出兵攻取辽朝的中京(今内蒙古宁城县西大明城),宋出兵攻取燕京(今北京),双方军队不得过关;灭辽后,宋朝得幽云十六州之地,将原交纳给辽的岁币转给金。这个盟约的签订,史称"海上之盟"。

宋金"海上之盟"签订后,辽在金的进攻下节节败退,辽天祚帝先从燕京逃至鸳鸯泺(即鸳鸯湖,今河北张北县西北),后又逃至西京(今山西大同)。天祚帝的叔父耶律淳留守燕京,于三月自称天锡皇帝,改元建福,史称北辽。四月,宋廷派宦官童贯率兵10万进攻燕京,却被北辽军队打败。六月,耶律淳病死,其妻萧德妃称制。七月，宋将刘延庆奉命统军再次攻燕京，辽常胜军首领郭药师投降，并率轻骑突袭燕京，不料失败，宋军全军溃退。宋朝两次攻燕京之战，竟均告失败。

与宋朝的无能相比，金军的进攻却卓有成效，金太祖天辅六年（1122年），金副都统完颜宗翰在伐辽攻下北安州（今河北承德西南）后，将要和都统完颜杲在奚王岭（今地不详）会合。辽在古北口屯有重兵，宗翰先派部将完颜婆卢火和完颜浑黜各率兵二百先后出击。浑黜唯恐辽兵众多，难以取胜，请求增兵。作为金军副统帅的完颜宗翰要亲自攻打古北口，完颜希尹和完颜娄室劝阻了他。两人率千人，仍以浑黜为先锋向古北口进发。浑黜率三十骑兵到达古北口时，遇到了辽的游兵，辽兵并不固守关口，而是退入关南的山谷。浑黜追击，辽步骑兵万余人出击，浑黜损失五人，退据关口。这时，完颜希尹、完颜娄室、完颜拔离速、完颜讹谋罕、完颜胡实海率兵赶到，奋力作战，大败辽兵，杀获甚多。接着完颜希尹与撒里古独、裴满突捻击败辽的伏兵，杀千余人，获马百余匹。至此，辽金古北口之役以金大获全胜告终。

金军攻占古北口后，继续进攻。此时，辽军全无斗志。接下来，双方在居庸关对决，金军轻松过关。由此可见，古北口的失守，使辽的覆亡无可避免。

宋宣和五年（1123年）三月，依照"海上之盟"的规定，金将燕京及附近六州交给宋朝，却将百姓的财产等席卷一空，宋朝只得到了几座空城，同时，古北口也归宋朝所有。

辽灭亡前，宋朝与金朝之间有辽朝隔绝，没有直接的利益冲突，因此得以结盟。但辽灭亡后，宋、金就成了邻国。积弱的宋朝对于金来说，具有极大的诱惑力。宋与金之间的战争，自然就成了迟早要发生的事了。

金天会三年（1125年）十一月，金兵分东西两路攻宋，十二月，金军与"宋郭药师、张企徽、刘舜仁战于白河。大破之。蒲苋败宋兵于古北口。丙午，郭药师降，燕山州县悉平。"(《金史》卷三）这次战役，古北口虽不是主战场，但宋兵仍在古北口屯有重兵。从相关史料可知，古北口当时驻有3000名宋军。3000名士兵布置于一个狭隘的关口，不可谓不多，但是这些守军却不战而溃。宋军的战败，导致古北口乃至燕京彻底为金所有，古北口成了金的腹地。

辽、宋、金时期的古北口，经历了多场战争，有契丹人与五代政权的战争，有契丹人与女真人的战争，有宋人与女真人的战争。这时的古北口，不再只是中原政权抵御北方民族的重要关口，而且又分别为进入中原、建立政权的少数民族所利用。它不但见证了民族之间的战争，更见证了各民族在战争之后的融合。

元朝古北口混战

元代，中国历史进入了规模空前的大一统时期，随着北京逐渐成为统一的多民族国家的政治中心，作为其重要门户的古北口，政治、军事地位更加突出，日益成为兵家必争的"锁钥之地"，数次激战在这里发生。

金朝统治末年，蒙古族崛起，1214年（成吉思汗九年，金宣宗贞祐二年）六月，成吉思汗再次率军进攻中都城，经过古北口，攻占了中都周围的景、蓟、檀、顺等州，奠定了统一的基础。

元朝统治初期，统治集团内部纷争不断。1259年，蒙哥汗率军攻伐南宋时受创身亡。蒙哥死后，阿里不哥行使监国职权，并开始谋取汗位。

忽必烈知道这个动向后，立即回渡长江，轻装简从，急行18天赶到燕京，并积极开展争夺汗位的准备工作。

1260年，忽必烈在滦河上游的开平新城宣告即大汗位。

1261年秋，忽必烈将北征军队兵分两路，派尚书怯烈门等率军北上进驻和林，他自己带着精锐部队南下，驻守在今古北口潮河川，以北控开平，南控燕京。

兄弟间的汗位之争历时5年，到1264年，处境困蹙的阿里不哥向忽必烈求降，忽必烈赢得了汗位，即元世祖。可见，潮河川是忽必烈"龙兴"之地。

元世祖忽必烈像

元朝统治中期，元朝统治集团内部矛盾斗争依然激烈。1323年，蒙古贵族也孙铁木儿等利用叛乱夺取帝位，是为泰定帝。其上台后，任用色目人倒剌沙主持政务，引起众多蒙、汉大臣不满。致和元年（1328年），元泰定帝病死于上都（今内蒙古正蓝旗东北），而留守大都（今北京）的燕铁木儿在得到消息后，开始发动政变。而在上都的倒剌沙则拥立泰定帝的儿子阿速吉八为帝，并起兵攻向大都，企图镇压燕铁木儿的政变。一场两都之间争夺帝位的激战不可避免。

同年八月二十三日，上都兵马开始向大都进发，但于九月十八日、二十二日、二十四日，先后三次被大都军队击溃。九月二十六日，上都另一部分军马在驸马孛罗帖木儿、平章蒙古塔失等人率领下，攻破大都东北要塞古北口，大掠于石槽。燕铁木儿得到消息，命撒墩急行军前往偷袭，自率大军随后追杀，遂大败上都军马，"将校降者万人，余兵奔窜"，其统帅孛罗帖木儿等也被抓获，处斩于大都。大都方面取得了又一次重大胜利。

同年十月十一日，上都方面秃满迭儿所率辽东军马攻破古北口，与燕铁木儿军大战于檀州（今密云）南，被击败，部下万余人投降。秃满迭儿率残兵逃归辽东。至此，进攻大都的辽东军马基本被消灭，上都势力随之败亡。

元代发生几次激战，都使古北口百姓遭受了空前的浩劫。尤其是两都之战，上都诸路军马所到之处，烧杀抢掠，"大军之后，尸横蔽野"。而被军卒掠为奴隶者，为数亦极多。作为主要战场的古北口，自不能幸免。在两都大战期间，还有许多靠近边关要塞的居民房屋，均被军士拆毁，用来修筑防御工事，致使许多百姓无家可归，古北口自然也不例外。战争结束后，文宗亦下令：

"诸关隘尝毁民屋以塞者，赐民钞，俾完之。"(《元史》卷三十二《文宗本纪》）然而，统治者的一纸空文，又怎能补偿千百万民众所遭受的巨大损失。

大战俺答兵

我国历史上的北族，无论蒙古、匈奴、乌桓、鲜卑、突厥、契丹、女真，无不是身在北方，心向中原。中原"民物繁庶"，在中原逐鹿，以观鹿死谁手，进而觊觎帝位，是件很自然的事情，古北口这样的险关要塞自然成了他们争夺的首选。

到了明代，这里更成为中原政权与蒙古游牧贵族部落生死决斗的战场。一边是南侵不断，一边是筑墙不止，两大民族在此打得不可开交，夺取了大元江山的明王朝对昔日的那个对手，除了无休止的修筑长城似乎拿不出更多的办法。这是一场民族尊严、民族意志力与耐力的较量。在这场较量中，充分显示了民族间的政治智慧与军事持久力，也暴露出各自的弱点与命门。不思进取、内忧外困的明王朝在旷日持久的反复争夺中总是处于下风。见于史料者：弘治十三年（1500年）五月，鞑靼一部袭古北口，后卫指挥使、古北口营调刘钦率兵迎敌，战死于古城川。嘉靖五年（1526年），鞑靼一部再袭古北口，后卫百户刘玺率兵在龙王峪与敌战，杀敌甚多，后中流矢阵亡。

面对蒙古人的挑衅,朝廷上下唯一能做的仍旧是固守并执行太祖朱元璋留下的那句早已不合时宜的"高筑墙"的祖训。尽管城墙越修越多,但蒙古人还是一次次地南下侵扰。朝廷不明白其实这里面的经济意义远超于军事意义。朝廷借口战乱屡屡中止和平的民间互市贸易,对蒙古族实行经济封锁。蒙古人因而屡屡变本加厉地犯边,说到底都是因为开放或关闭互市贸易以及人员往来问题所致。

时至嘉靖年间,蒙古部族首领俺答汗从历史的教训中意识到了经济封锁和边境冲突对明、蒙双方民众的实质性危害,多次上书表示愿意臣服于明廷,并请求在长城关口恢复互市贸易。从客观的历史角度看,在明蒙关系中,俺答汗当初对明廷并无太多恶意,而且是诚意做出过一定贡献的。他前前后后收留了数以十万计的因战争而流散入蒙的汉族兵民,并设法使他们安居,共同开发和建设土默特地区以及积极争取开关互市等。

而以嘉靖皇帝和内阁首辅严嵩为代表的朝廷,则武断地以"寇情多诈"为名,多次拒绝俺答汗互市的要求,还两次杀死俺答汗派去的谈判使者。恼羞成怒的蒙古人只能继续采取南侵的办法,多次越过或拆毁城墙,正面进犯固原、平凉、大同,甚至敢于进犯京城以北的古北口、密云、怀柔,而骄奢孱弱的明军在蒙古人的冲击下

严嵩像

往往一触即溃。消极防御、闭关自守、人为隔绝民间往来的直接后果就是敌军兵临城下，而守军却无所作为。

嘉靖二十九年（1550年）二月，俺答兵大举南下，挥师横扫，直向北京。八月，大批俺答兵顺潮河川南下，进攻要塞古北口。因古北口素为京师的北大门，所以俺答兵志在必得，以数千骑兵猛攻古北口城墙，眼看形势危急，明都御使王汝孝亲率重兵前来迎战，一时间，火炮矢石如雨，但古北口城固若金汤。狡猾的俺答兵见久攻不下，便佯装退却，诱明军追击。就在明军上当，开关追敌之际，俺答部首领俺答汗率蒙古精骑沿明军防御薄弱地带破墙而入，从背后突袭明军，明军惊慌失措，纷纷弃甲而逃，俺答军顺利南下，大肆劫掠密云、怀柔、顺义，沿途200多里竟没有遇到阻拦。其前锋只700余骑兵便山至于北京城外，而京城四、五万守城明军却闭门不敢出城迎战。嘉靖皇帝束手无策，兵部尚书丁汝夔也不知所为。倒是闭关自守的始作俑者严嵩悟出了一句："饱将自去，惟坚壁为上。"他明白蒙古人是为财物而来，对朝廷的利益无伤大雅。于是，守军紧闭城门，听任蒙古人在城外抢掠。9日，俺答汗的人马在掳得大量财物、牲畜及人口之后，于23日从古北口原路从容退回。古北口千总刘志高率军截击，欲断其归路，战败被杀，俺答兵遂出塞。历史上把俺答汗这次南下掳掠称作"庚戌之变"。庚戌之变使京城以北特别是古北口的人民和财物遭受了极大的创伤和损害，同时也暴露了明王朝色厉内荏的虚弱本质，在消极防御指导思想下，坚固的城墙亦形同虚设。嘉靖三十年（1551年），俺答兵又至古北口，古北口副总兵都督佥事周益昌率军力战，俺答兵不得入而退。虽然如此，也无法弥补"庚戌之变"给明廷带来的巨大损害。应该说，"庚戌之变"是明蒙关系史上以战求和的典型事例。而作为"京师锁钥"的古北口也因而蒙受了劫难和屈辱。

鉴于"庚戌之变"的教训，同年，明朝置蓟辽总督（总理蓟州、昌平、辽东、保定四镇军务），驻密云城。1553年，蓟辽总督杨博于潮河川修筑小石城四座，建敌台三座，并重修护关旧墙，分屯劲兵，以固边防。

潮河帆影（20世纪初）

转眼便是嘉靖三十三年（1554年），把都儿（俺答汗之子）率俺答兵再犯潮河川，掠古北口，在此危急关头，蓟辽总督杨博得到战报，亲自披挂上马直奔前线，露宿古北口长城，日夜督战。俺答兵猛攻古北口关四昼夜，雄关岿然不动，把都儿无奈，转攻另一处孤山口。孤山口明军守备空虚,顷刻间,长城防线被突破,形势万分危急。在这千钧一发的时刻,杨博沉重冷静,立即招募一支精壮的敢死队,队员们个个腰插短武器,身背干柴,手举火把,趁黑夜焚烧敌营,霎时,漫山遍野一片火海,俺答兵惊慌失措。杨博派主力趁势冲杀,敌兵丢盔弃甲,狼狈逃窜,全线溃退,古北口保卫战取得了决定性的胜利,总算给"庚戌之变"后的明朝挽回了一点面子。

"庚戌之变"后,明蒙关系有了缓和的迹象,这种两败俱伤的事情双方都不愿意重演。隆庆五年(1571年),在明穆宗诏可下,明蒙之间达成了封王、通贡和互市协议,朝廷封俺答汗为"顺义王",并在甘肃、山西、宁夏共开设11处马市与蒙古各部进行互市。这一系列民族和睦举措,也不尽是俺答汗的反省与悔悟,他的那位姿容美丽、深明大义的夫人三娘子功不可没,"隆庆议和"之后,更由三娘子替代了年迈体衰的俺答汗主持了政务,三娘子出于民族和睦的立场,一改蒙古人以往与汉政权的对立态度,极力维护封贡,促进了长城沿线地区经济、文化的交流。至此,民族融合掀开了新的一页,古北口开始初沐和平的阳光。

古北口抗战

1933年3月,日本关东军向长城全线出兵。长城抗战全面爆发。长城沿线,侵略者的炮声响了,震撼了华夏大地,国人激奋,东方睡狮惊醒了!要求对日抗战的热潮,席卷全国。蒋介石派出了何应钦坐镇北平,并以徐庭瑶的第十七军组成华北第八军团,下辖黄杰的第二师、关麟征的第二十五师、刘戡的第八十三师。不久,第二十六军萧之楚部也率军北上归其指挥。

奔赴古北口抗日前线的十七军马队

关麟征部日夜兼程,于3月9日凌晨赶到古北,恰逢东北第六十七军王以哲部不支而撤。东北军一撤,关麟征的部队就正面凸现在第一线。

副师长杜聿明建议,据守古北口长城,阻截来犯之敌。关麟征则坚持将部队布置在古北口南城东西两侧高地,长城第一线的守备仅留下东北军第一一二师某部一个团的兵力。

11日,日军发起总攻,由于其火力强大,加之居高临下,一一二师阵地随即被突破,由于失去犄角支持,第二十五师立即感到了压力,右侧阵地一个团的联络也被切断,整条防线顿呈扭动不灵之态。

也许关麟征对不杜聿明忠告造成的损失感到内疚。于是,他亲率特务连赴右翼增援,未想途中遭暗箭伤身,在敌一潜伏哨阻击下,被手榴弹炸伤,进攻部队不得不撤退至南天门阵地。

随后,杜聿明被任命为代理师长。

12日的战斗更为惨烈,尽管中央军的装备较国内杂牌部队为优,但在日军的立体攻势面前,却尤显得火力单薄。第二十五师的电话总机、无线电报话机均被炸毁,前后方顿时失去联系,形成各自为战的局面。

此时,战斗更为惨烈。为了保存力量,以待后援,杜聿明被迫决定将部队转移到预备阵地。由于联络中断,该师某部七名士兵未能跟上大部队行动,仍然据守在一个小山头上。

日军正要衔尾猛追,却遭到这七名战士的阻击,大部队硬是闯不过去,不禁恼羞成怒,大动干戈,竟出动飞机大炮认认真真地与这支孤兵对垒,当攻下山头后,七名战士已全部殉国。日军不由敬佩万分,特将这七名士兵的遗骸埋葬在一起,墓碑上铭刻着"支那七勇士之墓"。

此役,二十五师之所以失利,实在是由于在这里的较量则远非公平。后来杜聿明回忆说:"第二十五师集中甫毕,仓促应战,仅以步兵4团之兵力,独挡优势之敌,又无坚固阵地可为凭借,邻接之友军,复不能共同进退,以故损伤极大,竟达四千余人。"但是,二十五师也让日军付出了伤亡二千余人的昂代价。杜聿明虽然丢掉了古北口,但没丢掉勇气。古北口城头,爱国将军那艰涩的心路在延伸,六年后的昆仑关之战,他打出了真正的本领,将军总算出了一口心头的恶气。

第二十五师打散后,第二师接守南天门阵地,第四旅旅长郑洞国接过了杜聿明的阵地。

南天门阵地,右自潮河岸的黄土梁起,左至长城上的八道楼

十七军军长徐庭瑶在南天门前线

子止，正面宽约十华里的中段以421高地为据点，战略地位十分重要。郑洞国旅奉命担任第一线防御任务，坚守八道楼子。

南天门左翼险要制高点八道楼子，有古时八座碉楼，因此而得名。它位于我军防守西段大拐弯处，是一个光山秃岭的制高点，地势极为险要。且八道楼子高出群峰，凭楼俯瞰长城下的古北口镇，了如指掌。谁占据此处，谁就可以凭借火力控制古北口要塞。徐庭瑶军长命令第二师派一个营的兵力防守此处，但黄杰师长一时大意，认为日本兵穿皮靴，无论如何也爬不上这几座碉堡，所以仅派郑洞国旅11团一个连的兵力防守。

4月20日夜，日军在汉奸的带领下，以一个营的兵力，换掉靴子，悄悄地摸到八道楼子下，夜半发起突然袭击。霎时，炮弹、枪弹向守军倾泻，日军趁势迅速爬上长城。仓皇之间，守军来不及应战，死伤大半，其余则跃下楼子，狂奔逃命。

徐庭瑶闻讯，大为震惊，急令黄杰收复失地。

军令如山，黄杰急令郑洞国率6旅11团官兵夺回失地。八道楼子上的日本兵似乎预感到我军要收复失地，十分警惕。郑洞国率领几百号突击队，摸到八道楼子东面500米光秃秃的山坳上，无地形掩护，又缺乏炮火支援，只好硬拼！

一声令下，突击队员们直向敌人阵地冲去，日军在我队员接近阵地时，双方枪声响了。但由于日军居高临下，突击队员在无地形掩护，仰攻劣势，全部暴露身位。一个个队员倒下了，又一批勇士冲上去，全都被火力压得抬不起头。长城下，一具具尸体相互枕藉……郑洞国指挥进攻一夜，见硬攻取胜无望，天亮之前命令撤兵。

4月23日，日军利用八道楼子俯射之利，以陆空军联合向南天门阵地中央的重要据点421高地发动大规模猛攻。日军的飞机、大炮、战车排山倒海，呼啸而来。阵地上，炮声、飞机隆隆声震耳欲聋，日军以密集的炮火覆盖我军阵地，接着步兵跟在战车后面一波接一波轮番涌上来。郑洞国旅主力官兵镇定地静伏在工事中不动，60米，50米，待敌人近至阵地20米时，突然以轻重火力集中扫射。

在阵阵枪炮轰鸣声中，日军人仰马翻，丢下无数尸体，狼狈回逃。但是，日本军人深受武士道精神教育，且平日训练有素，作战十分顽强。他们一批被打倒，另一批又号叫着挥舞战刀冲上来，几近冲入我方前沿。郑洞国急令预备队上去增援，在阵地上与日军扭打、拼杀才把敌人压下去。尽管日军训练有素，但与中国军队的肉搏战还是占不到半点便宜。

23日一整天，我军共打退日军四次疯狂进攻，阵地前横七竖八地躺着数百具敌人溃退时来不及拖走的尸体。但郑洞国旅也死伤了三四百名官兵。

25日，日军停止使用步兵攻击，改用猛烈的炮火对南天门阵地实施前所未有的报复性轰击。从早到晚，炮声震耳欲聋，第二师由于连续战斗五昼夜，伤亡甚大，遂奉命于25日夜撤出阵地休整，由刘戡的第八十三师接替防守南天门阵地。

换防后，日军连续三天向南天门诸阵地发起猛烈攻势，致使阵地工事完全被摧毁，我方伤亡极大，被迫于当日夜间放弃高地，撤至南天门以南600米的预备阵地。日军因伤亡过大，遂于5月上旬又将第十六师团一部及第五师团第十一联队调到南天门前线。

自4月20日至5月初的八天时间里，中日军队在南天门一线血战不止。中国军队以劣势装备和兵力顽强抗击几倍于我的装备精良的日军，给日军以重创，粉碎了其"一星期内攻下南天门华军阵地"的预言，使战线仍胶着在南天门附近。双方几千具战死的兵士尸体丢弃在阵地前，被炮火轰炸、飞机扫射。

5月10日晨，日军500余人在炮火掩护下，向南天门右翼的车道峪中国守军阵地发起进攻，揭开了古北口战场第三阶段激战的序幕。当日黄昏，日军发起全线总攻击。第八十三师官兵全部上阵，与敌鏖战至深夜，终将进攻之敌击退。11日凌晨1时，日军5000余人以密集队形袭击左翼小桃园、笔架山阵地，另一部日军则向涌泉庄、上堡子、郝家台阵地进攻，坦克、飞机协同步、炮兵一起攻击。激战至上午10时，小桃园、笔架山、涌泉庄及郝家台阵地工事尽被荡平，伤亡极重，至下午1时，阵地相继落入敌手。中国守军除右翼阵地未变动外，正面及左翼均被迫后撤至南10华里的磨石山、大小新开岭、香水峪一线预备阵地。八十三师因伤亡过大，于11日下午3时奉命撤至兵马营、不老屯一线预备阵地为总预备队，前沿潮河西岸左翼阵地由第二师接防，潮河东岸的右翼阵地由第二十五师接防。

当日下午，第二师先头第四旅刚赶到大小新开岭一线前沿阵地接防，喘息未定，日军即出动5000余人，在飞机、重炮掩护下向我方阵地大举进攻，并以10辆坦克冲至白河涧附近，截击中国守军背后之交通。此刻中国守军后续部队尚未赶到，第四旅仅剩下不足2000战斗人员。在此危急时刻,绿长郑洞国脱掉上衣,提着手枪亲到最前沿督战，以示必死之决心。经过半日血战，终于守住了阵地，为后继部队增防赢得了时间。

12日晨，日军增加兵力和火力，对中国守军阵地发起全面进攻。守卫左翼和正面的第二师苦战半日,伤亡惨重,遂撤至瑶亭、南香峪一线预备阵地。守卫右翼的第二十五师在潮河西岸的西北岭、下会一线与敌激战，敌人轮番进攻，战至13日，第二十五师被迫撤至后方6华里的城子、小漕村一线阵地。12日下午3时，敌攻占大小新开岭阵地后，乘胜向石匣镇攻击。第二师在瑶亭、南香峪一带阻击，激战至黄昏。傍晚，敌10余辆坦克冲至南茶棚中国守军炮兵阵地，经激战，炮兵第四团九连官兵全部阵亡，4门火炮被毁。同时，敌人重炮猛烈轰击潮河西岸中国守军炮兵阵地，毁炮3门。由于我炮兵遭受严重，火力减弱，日军坦克更加猖狂，步兵的攻势也更加猛烈。至13日午，第二师全线崩溃。十七军军长徐庭瑶急令防守潮河右岸的第二十五师抽出第七十三旅向左翼延伸，占领芹菜岭一线阵地，掩护第二师撤退。第七十三旅尚未完全进入新阵地，即遭日军猛烈攻击。此时，敌坦克已越过石匣镇3华里，冲至山安口附近。下午4时敌炮火集中向石匣镇射击，掩护步兵强攻，石匣遂陷。傍晚，占领石匣之敌继续向南进攻，第七十三旅一四六团将敌阻挡在山安口，与敌激战半夜，死伤甚重，午夜12时退守后方6华里之新阵地。

14日拂晓，日军骑兵2000余人，在飞机、大炮掩护下，向潮河右岸中国守军阵地攻击，敌人坦克20余辆在潮河滩上突进。中国守军第二十五师七十五旅与敌激战3小时，敌向石匣方向退去。同时，日军还以多股小部队袭扰黄土坎、不老屯一线阵地。至此，十七军又与敌连续苦战5个昼夜，虽使日军付出了沉重的代价，但该军各师亦损失严重，遂于17日奉命调往密云城整理补充，旋又奉命调往怀柔、顺义一线。19日，日军占领密云县城，而后继续向怀柔、顺义推进，其主力进抵距离北平城仅50华里的地区，古北口战场的战事遂告结束。

以古北口抗战为主的长城抗战虽以中国军队的失败而告终，但中国军人同仇敌忾，誓死为国，以一腔热血浇铸民族长城的伟大精神，却与日月同辉，永远光照人间。他们以赤胆忠心，与日军浴血奋战，表现了中华民族不可征服的英雄气概。古北口抗日阵亡将士公墓有一副对联："大好男儿光争日月，精忠魂魄气壮山河"，正是这种"铁血精神"的绝好写照。

古北口抗日英烈墓

古北口保卫战

抗日战争胜利后，国共两党进行了重庆谈判，但是国民党对和平毫无诚意，其参加谈判只是缓兵之计。因而，进入东北地区重要门户的古北口注定要迎来一场激烈的战斗。

1946年1月7日，蒋介石密令国民党军队"应于停战令未下之前占领有利地点，已下令前进至某地而尚未到达者，应促其星夜前进"。又密令十一战区行辕主任孙连仲"星夜前行"，"限期攻占承德赤峰一线"。根据蒋介石的密令，国民党军队分3路向热河省解放地区发起进攻。一路以第五十二军为主，沿锦承铁路向叶柏寿、凌源方向进攻；一路为第九十四军由冀东向喜峰口

我军战士守卫在古北口车站

进攻；主力部队则沿平古路进攻。1月9日，孙连仲纠集了3个军、3个保安团及800名日军，首先向北平通往承德的咽喉要道、长城上的重要关隘古北口进犯，妄图先占领古北口，再夺取承德，进而抢占东北各省。

冀东十四军分区部队十六、五十五两个主力团，奉命于古北口以南布防，阻击进犯之敌。两个团并肩合作，奋勇击退十倍于己之强敌的轮番进攻。十六团三营七连防守在兵马营南山，接连击退敌人7次冲锋，最后发起反冲锋，消灭国民党军一个排，出色地完成了阻击任务。五十五团在栗榛寨、芹菜岭一带阻击敌人，坚守着自己的阵地岿然不动。由于十六、五十五两个团密切配合，协同作战，敌人未能前进一步，只得停止在董各庄、大小清水潭、兵马营、车道岭、团山子、香水峪、新开岭一线。

1月10日，国共双方停战令正式签字，规定于13日午夜前生效，各战场应无条件停战。政治协商会议也于10日开幕。就在这个时候，蒋介石又向国民党军队下发了所谓"手令"，命令"各部在停战令未生效前，应迅速抢占战略要点；尤其是热河方面，最好于停战令生效前占领承德，否则亦必迅速抢占古北口……"根据这个手令，国民党第九十二军、第十六军动用4个师的兵力，再次进攻古北口。守卫古北口的解放军当时只有冀东十四军分区两个团，与进攻之敌相比，众寡悬殊，遂急调冀晋、冀察两个纵队前来保卫古北口。冀察纵队由延庆出发急行军赶至古北口侧翼之燕落一带，钳制敌人。冀晋纵队一旅从延庆永宁堡出发，11日赶到滦平虎什哈一带宿营，次日，又急行军75公里，按时到达古北口，未吃饭即进入阵地。

12日晨，国民党军由石匣、小营出动，向燕落、不老屯、兵马营一线阵地发起攻击，十四军分区两个团虽英勇抗击，终因力量对比过于悬殊，不得不退守兵马营以北山地。

13日上午9时，国民党军在5架飞机掩护下，向解放军驻扎的地下河村、大小新开岭、兵马营进攻。在新开岭，神气十足的国民党军以为这里解放军兵力不多，只打了几发炮弹，便毫无顾忌地向解放军阵地前沿推进，当他们快要爬到山顶时，解放军一旅三团当即予敌迎头痛击，敌人立刻死伤一大片。这时国民党军方发觉解放军主力赶到，忙集中火力疯狂射击，接着，双方展开异常激烈的争夺战。12时，在打退敌人8次冲锋，予敌以重大杀伤后，解放军暂时撤离妈妈山阵地。下午1时，公路两侧几个高地也被敌人占去。在这危急之际，二梯队一旅二团从侧翼秘密地接近敌人，勇猛地冲上山去，国民党军队遭到突然打击，仓皇逃遁。二团接连夺回几个山头，当他们冲到公路以西的一个制高点时，遇到敌人严密火力网的拦阻，二团战士前赴后继连续冲锋。有个战士衣服被打着起火，他带着满身火烟扑向敌人，守敌完全被其勇猛气势压倒，掉头溃逃，解放军乘势占领高地，并生俘敌连长以下35人。国民党军乘二团战士立足未稳之时，拼命反扑，前后发动7次冲击都被打垮。傍晚，二团插入新开岭东山，三团也配合夹击，经过一个小时的战斗，敌一部被歼，一部沿潮河逃窜，其余退守妈妈山。战斗正在激烈进行时，冀晋纵队二旅赶到。夜间，二旅四团一个营奉命偷袭妈妈山，敌人被打得晕头转向，乱作一团。该营予敌以一定杀伤后,又主动撤回原阵地。

13日,守卫在潮河以东的一旅一团和敌激战一天,国民党军拼命夺取扼守道路的小庙山,无数次的冲锋都被击退。二旅五团埋伏在潮河东岸古北口附近,也将一股进犯之敌消灭。经过一天多的鏖战,除妈妈山主峰暂时还被敌人控制外,敌人占领的其他高地均被夺回。蒋介石企图在停战令生效前抢占古北口的计划被彻底粉碎了。

14日拂晓,即停战令生效后5个小时,国民党军队以新开岭牵制性的佯攻为掩护,又向香水峪方向发起猛烈攻击。解放军战士英勇阻击,至中午敌人虽占去几个山头,但损兵折将,伤亡

古北口保卫战
纪念碑

惨重，已无力继续进攻。这时解放军开始全线反击，一批批敌人被消灭，一个个山头被夺回。正当国民党军队溃逃，解放军乘胜追击之时，从南面突然飞来 4 架美国飞机，低空盘旋，撒下大批停战传单，充分暴露了其为蒋介石发动内战帮凶的嘴脸。解放军全体指战员识破了美蒋狼狈为奸的伎俩，更加怒火满腔，奋力冲杀，直到黄昏，收复了被国民党军队占领的全部阵地。这次战斗，敌直接投入战斗的兵力达 1.2 万人，伤亡 1500 余人。古北口保卫战的胜利，不仅保卫了承德，保卫了热河，而且粉碎了蒋介石妄图在停战令生效前打通进军东北道路的阴谋，为反对内战，保卫和平，取得了战略性的胜利。

古迹寻踪

战垒苍茫迹尚存,汉唐旧事莫重论。
如今只怪明天子,二百余年闭北门。
多年老鹤坐乘轩,四度雠书出塞垣。
谁料从来松漠地,玉山册府似西昆。
——清·纪昀《出古北口》

不知道在不经意间我们曾经错过了多少风景!

这里说的是古北口。这是一个和它的名字一样古老的小镇,却有着和它的名字不一样的形貌,它美丽、悠远、神秘,如同一段故事,虽然人人传诵,却没人能够将它的真相讲得清楚。

同样没人能讲得清楚的还有这里众多的古迹。当然,由于岁月湮沉,兵燹摧残,这里已经不见了奢华的行宫、高耸的城墙,不见了映日交辉的画楼绣阁、寺院古刹,不见了旧日的千般绮丽、万种繁华。但这并不影响人们在这里临风怀古,叩问沧桑。

民谣声声唱古迹

七郎坟

"七郎坟、令公庙,琉璃影壁靠大道;一步三眼井,两步三座庙。""雄关名胜古迹存,令公祠堂表忠勋。东关一带青峰翠,西山七郎黄土坟。万里长城分翰域,千层高塔指烟云。悬腰陡立中悬洞,坡面徘徊对垒门。"声声传唱,不知道传唱了多少年。

七郎坟指传说中的北宋名将杨业第七子杨七郎的坟墓,其位于河西村万寿行宫东北侧山坡间。坟丘封土高达6米,直径2米多。坟形如塔,耸然直立,举目可望。坟前建四方攒尖式方亭,亭内立有一块汉白玉石碑，碑文为："大宋杨七郎之墓，民国二十五年十一月吉日湖北张环海立，东西两镇公所负保护全责。"

关于这七郎坟还有一段有趣的传说：那年，杨七郎随父杨令公去金沙滩抗敌，由于主帅潘仁美途中撤军，致使杨令公孤军深入，战斗失利，急令七郎回朝搬兵。此时，潘仁美已扼守古北口，预料杨家将回朝对己不利，于是施展诡计，反诬杨家将叛国投敌。任凭杨七郎如何在关前大叫开城，就是不开城门，而且乱箭齐发。可怜的杨七郎被乱箭穿身，饮恨而亡。

杨七郎死后，心狠手辣的潘仁美竟派人将其遗体大卸八块，抛进滚滚潮河。七郎也许是还惦记父兄被困，应去禀报，于是一条大腿逆水而上漂到了古北口潮河岸边，乡亲们知道七郎是含冤而死，并敬重他是忠良之后，便将这条腿埋在了潮河西岸北山坡

七郎坟

上。第二天，那埋腿的地方竟然长出一根3米粗、10米高的土柱子，令人称奇的是，土柱子和七郎的腿几乎一模一样，还穿着高筒皮战靴，真真活灵活现。

土柱子越长越高，山也随势而长，眼看就要将潮河关覆盖，潘仁美一看不好，急令在山顶建了一座高塔，企图镇住土坟。然而不久，在石塔前却生出一棵大树来，那碧绿的叶子，粉红的花蕾，给"七郎坟"增添了几许色彩。每到祭奠的日子，姹紫嫣红的花儿，开在"七郎坟"旁，人们亲昵地称之为"七郎花"。

杨令公祠

杨令公祠（又称杨令公庙）坐落在古北口河东村北门坡，坐北朝南，前殿山门上有一块高大的匾额，上书"杨令公祠"四个金黄色大字。山门两侧的墙壁上，写着八个醒目大字，西壁上是"威震边关"，东壁上是"气壮山河"，令人肃然起敬。

令公祠分前后两殿，前后都有东西配殿和禅房，共有20余间房。前殿正殿是杨令公塑像，高约2米，身披铠甲，头戴战盔，舒眉朗目，方面阔口，灰白胡须，好一副威风凛凛的临战姿态。龛下塑有两个全身披挂的武士，一个手持长柄大刀，一个手捧兵书，肃立两旁。左右是其八个儿子的塑像，他们个个顶盔罩甲，身着戎装，虽神态各异，却个个似听号令随时出征。后殿正殿有佘太君塑像，神态威严，仪表端庄。其左右是八姐、九妹、穆桂英、杨排风等杨门女将栩栩如生的塑像。令公庙布局合理，殿内塑像形象逼真，极富艺术感染力，真可谓"杨家儿郎虎虎有杀气，杨门女将个个显英姿"。

杨令公名杨业（又称杨继业），北宋名将，被誉为"杨无敌"，史载其"军纪严明，屡建战功"，但在986年北宋伐辽战役中，由于主帅潘美和监军王侁的错误指挥，被迫孤军奋战，不幸于陈家谷矢尽援绝，重伤被俘，绝食而死，终年60岁左右。其事迹在当时广为传颂，后经戏曲、小说的渲染，逐渐形成了"杨家将"的故事。但经考证，杨令公战斗的主要区域在今山西雁门关和大同一带，并不在古北口地区，而令公庙之所以建在古北口，主要是因为辽人敬其忠勇，为其立庙，以激励将士像他那样鞠躬尽瘁，尽忠报国。

杨令公祠始建于1025年，由辽圣宗耶律隆绪敕令所建，至

杨家庙

今已近千年。且古北口的令公祠与山西代县杨家祠堂，是全国仅有的两座杨家将祠堂，而古北口特有的杨门女将祠为全国独有。杨令公古人颂，今人传，早已成为爱国主义的象征，深深扎根于华夏儿女心中。在令公庙院内，至今还保留着北宋使臣的颂扬诗句和明朝使臣书"忠勇传世"的匾额及清朝康熙皇帝赐"威灵庙"匾额等。

1924年，冯玉祥将军也亲自为令公庙题联，上联是：何须执笔舒中愤；下联为：自有公平在世人；横额：真正无敌。可谓字字千钧。

琉璃影壁

在古北口北门坡药王庙前，原有一座高3米、宽4米左右的琉璃影壁。影壁正中装饰着一幅二龙戏珠的图案，珠是蜘蛛，此为主图案。据传说蜘蛛的肚子里藏有无价之宝，自古以来，古北口人就用这个蜘蛛的肚子来观测天气。每逢天旱无雨的时候，只要蜘蛛的肚子上挂满水珠，就预示着要下雨了；如果是阴雨连绵的日子，看到蜘蛛的肚子是干的，就知道要晴天了。这种情景，屡试屡中，灵验无比。影壁下半部分是大海图案，上有游鱼、海马等动物。该图像雕刻细致，形态美观，惟妙惟肖。尤其是雨天，龙的一双眼睛活灵活现，呼之欲出，人们称其眼为"宝眼"。说起这个影壁的由来，还有一段传奇的故事。

有一年，陕西的一位很有威望的关大老爷卧病在床，尽管在

琉璃影壁

全国四处请名医,但病情仍不见好转,全家人整日愁眉苦脸,苦无回天之术。

一天,家里人正在围着关老爷子哭哭啼啼,忽然大门开了,从外面走进一位白胡子老人。就在众人诧异之际,只见老人将了将银白胡须,笑吟吟地说:"惊闻为民安生的关老爷病了,老夫实为不安,今特地赶来医治。"说着,他来到关老爷病床前,为其把脉后对关老太太说:"老夫人不必着急,我开三剂草药,您给关老爷吃吃看。"说完,用手在关老爷头上轻轻一摸,只见关老爷双眼睁开,病情似有好转。家里人一见,无不惊喜异常。白胡子老人为关大老爷医好了病,临走时留下一句:"有事请到古北口药王庙找我。"家人还没反应过来,老人便飘然而去。

后来人们传说,这位白胡子老人就是古北口药王庙里的药王。

陕西的关大老爷为了感谢药王的救命之恩，专门做了琉璃影壁，立在药王庙前。因其前临出关大道，后靠瓮城城墙，故有"琉璃影壁靠大道"之说。

"一步三眼井"

所谓一步三眼井，实际是一眼井，位于古北口河东东山根下，井深6米多，井口上有一圆形石盖，上有三个直径八寸左右的给水口，人称"三眼井"。从实用性上分析，之所以有三个打水口，主要还是为了汲水方便，便于多人同时汲水。

关于三眼井，有许多有趣的传说。据说，过去从"三眼"分别汲水，虽是同一口井里的水，但味道却不相同，酸甜苦辣咸五味俱全。于是便有人传说这口井是龙王爷的嘴，龙王爷吃什么，三眼井便是什么味道。而且喝了三眼井的水，可以延年益寿。当年乾隆皇帝去避暑山庄，路过古北口，听到"一步三眼井"的传说，很感兴趣。于是他依照当地百姓的习惯，分别从三个井眼中打水，随后先赏给随行的大臣品尝。刘墉说只品出一种味道，

一步三眼井

纪晓岚说品出两种味道，唯有好拍马屁的和珅说有三种味道。乾隆听后开始自己慢慢品尝，一品果然是三种味道，说与和珅的感觉一样。刘墉和纪晓岚马上建议给和珅封赏。乾隆问怎么封赏，两人认为应当请和珅替圣上打水，让随行人员均得恩泽，让古北口百姓都能沐浴隆恩。乾隆听后十分高兴，命和珅亲自打水，替皇帝广施福田。最后，刘墉和纪晓岚在古北口睡了个好觉，舒服了一天，而和珅却打了一天水，累得两眼发黑。临晚，喝到水的人三呼万岁，随行人员见到平日里拿腔弄势的和珅累得直不起腰来，从心里感到解气，都称赞刘墉和纪晓岚聪明。见到大家如此兴奋，乾隆皇帝非常高兴，于是亲封："一步三眼井，井水不许干，井帮不能陷，井水苦涩甜。"

青峰翠

青峰岭指青峰岭、叠翠岭。青峰岭即古北口城东门外的北山，山峰壁立于城门左侧，一条飞龙似的城墙，自山峰西面飞上。峰顶上有巍峨的城台，上有翠绿的古柏，遍山苍翠，郁郁葱葱，常年青绿，因而得名；叠翠岭指与青峰岭相对的南山。山上绿树成荫，野花遍坡，山峦重叠，峰岭层层，一岭绿似一岭，一岭美似一岭。

古北口长城

古北口长城为明长城重要地段。蟠龙山、卧虎山隔潮河相望，长城越过潮河,似一根飘带,紧紧地将两山系在了一起。长城脚下三座水门横跨,铁门身旁伴水门,使古北口长城更具特色。

千层塔

即古北口潮河西万寿山南距离"七郎坟"4米处的一座石塔。此塔面向东北,高约15米,直径约3米,塔座为束腰式须弥座,塔身为馒头形,中间雕刻着一扇小门,塔尖顶着一个金属圈。这座千层塔,很像北京北海公园的白塔,堪称北海白塔的孪生姊妹,只是一个俏立于京城繁华之地,一个屹立于雄关古道之旁。

中悬洞

金朝人曾把古北口河西的南山称作"留斡岭",也称阴山。因为古北口最早有人居住的地方是河西,中国人向以水之南为阴,水之北为阳,而山恰在潮河南面,故称"阴山"。阴山中腰绝壁处有一天然形成的山洞,洞呈三角形,距地面约百米,很有特色。传说清朝时,有一任古北口提督,每有空闲时就背着手向南山眺望。他的夫人很奇怪,心想南山有什么好看的呢?终于有一天,夫人发现那个洞口有一位窈窕美女,用手遮着太阳光正向提督府观望。提督夫人一怒之下,派人用木、石将洞口堵得严严实实。不料从此以后,提督夫人便无法排尿,疼得满地打滚。提督为夫人遍请名医,却不见好转。后经高人指点,提督派人将堵住洞门的木、石移开,夫人的病立见痊愈。后来提督衙门的官吏便给这个洞起了一个动听的名字——"凤眼",这座山也就被叫成了"凤眼山"。

对垒门

一条潮河似玉带从古北口镇中间流过,很自然地将古北口分为河东、河西两部分。在最北的北门关处,东有蟠龙山,西有卧虎山,两山对峙,如二将把关。蟠龙山上建有关帝庙,庙门向西;卧虎山上建有吕祖庙,山门向东。两庙隔河相望,庙门相对,故有"坡面徘徊对垒门"之说。

庙宇胜迹知多少

作为沟通南北的古北口古镇,寺庙多如长城敌楼,究竟有多少谁也说不清。据老人回忆和有关记载,有杨令公祠、吕祖庙、瘟神庙、财神庙2座、药王庙、关帝庙4座、玉皇庙、娘娘庙、菩萨庙、火神庙,龙王庙、二郎庙、回龙庵、真武庙、龙王殿、千手观音寺、河神庙、三官庙3座、王母娘娘庙、尼姑庵、蔡总兵祠、马提督祠、龙兴寺等,真可谓寺庙大观园。

就让我们走进其中的几座寺庙,去体会那神奇之境。

瘟神庙内景观奇

瘟神庙坐落于潮河关村西北部，院东侧墙间开一门楼。入门，便可见坐北朝南的 3 间殿宇，内供奉瘟神像，像两侧后壁间绘有五彩水墨神像 36 幅，是瘟神所辖各种神及鬼怪力士部众，是北京地区较少见的神壁画。两侧山墙壁亦有彩色绘画。由于绘画纯是民间画塑艺人的作品，因此更充满了民间生活的情趣，反映了艺人们对各类神的理解和形象的判定。

据记载，古代由于治理不利，潮河经常泛滥。而每次洪灾过后，往往会在百姓间流行各种传染病，这样的事情，明清时期就有近百次。而当地人根据祖上口口相传，认定这座瘟神庙就是在那个时候建造的。

瘟神庙的神有主管春夏秋冬及总管瘟神，共 5 位。此外还有茶神、酒神、方目神（四目，执矩尺）、雷公、电父、山神、雨师等，几乎涵盖了生活中的方方面面。

瘟神庙之奇就出在庙内的一幅奇特的壁画上，之所以说它是"奇画"，是因为每当人们仔细察看它时，就会产生一种眩晕的感觉。

2002 年的夏天，村里人想保护这座瘟神庙，许多村民就被叫过来修房子了。在瘟神庙正对大门的那面墙上，画着许多神像。这些神像姿势不同，神态各异。但当一位正在抹墙的村民将目光无意中落在一个长着四只眼睛的神像上时，奇怪的现象出现了，这位村民看着神像的眼睛，觉得越看越晕。其他正在干活的村民

瘟神庙壁画

听说这件事后,也纷纷跑过来,盯着这个四目神像仔细观瞧……结果,所有的人都感觉阵阵眩晕。

一时间,瘟神庙有神像能让人头晕的事情便在村里传开了。神像为什么长着四只眼睛?它是由何人所画,又是为什么画的呢?为什么看了它会让人头晕呢?带着这个问题,有人开始翻阅资料,终于发现,这个神像在考古研究中的名字应该叫"四目神",其形象缘于上古黄帝时代,在许多古代典籍中都有记载。虽然"四目神"的形象由来已久,但是许多年来,关于它到底象征着什么,考古学界一直存在着很大的争议。

恰在这时,熟悉北京周边古建的北京古建研究所副所长包士轩也听到了这一奇闻。于是,他对古北口瘟神庙中的壁画进行了仔细辨认后认定,此庙建于明代,这一神像确实是"四目神",之所以塑造于此,有祈求光明、驱除疾病之意。

"四目神"的身世虽然搞清楚了,但是还有一个问题没有弄清楚,那就是为什么每位看他的人都会觉得眩晕呢?对此,包所长一语道破天机,其原因就在于这幅画的作者运用了一种古代建筑美学中常见的技巧——视觉误差。

所谓视觉误差,就是因为我们在看东西的时候,左右两只眼睛是分别成像的,在成像的时候产生了不同效果而造成的。产生这种视觉误差最常见的原因是参照物的不同。

四目神壁画,由于眼睛是上下并排排列的,所以我们在看的时候,很难聚焦在他的一对眼睛上,这时误差出现了,也就让看它的人感到了眩晕。这就如同我们平时看一些带重影的东西,会产生眩晕感的感觉是一个道理。"四目神"导致眩晕的谜底终于揭开了,其实就是一个人体光学成像的原理。或许,当时绘制这幅图画的人,完全是出于一种对生命健康平安的祈求,而他断然不会想到,竟然无意之中给后人留下了这样的一道谜题。

"无心"财神岂无心

财神庙在杨令公祠南百余米处,为一独立庙院。前为砖筑门楼,院内仅正殿3间。殿内奉武财神关公和文财神范蠡、比干。

中国民间所崇信的财神众多,其中赵公明、关公、范蠡、比干地位最著,被称为四大财神。而在古北口的财神庙中,四大财神奉其三。其中关羽、范蠡一为忠义之化身,一为因商致富的典范,被奉为财神倒也无可厚非。而比干被塑于此,我们却不能不多说几句。

比干为商纣王叔父,官至少师。因其为商王皇室重臣,故在纣王昏聩之际,屡有进谏。纣王暴怒之下,曾问比干:"为何冒死直言?"比干答:"君有直爽之臣,父有直性之儿,人有直率之友,此乃幸事。身为大臣,必尽大义。"纣王恼羞成怒,残忍地将比干剖心杀害。之后,历代便奉其为文财神,主要在于比干心被挖空后成了无心之人,正是因为无心无向,办事公道,所以被后人奉为财神爷。当时传说在比干荫佑下做买卖的人,无偏无向,公平交易,互不坑骗,所以比干广为世人所传颂和敬奉。

由此看来,"无心"财神其实是蛮有心的,他有的是一颗大公无私之心,有的是一颗广济天下苍生之心。

真武庙内话朱棣

在古北口潮河关瘟神庙旁,还有一座真武庙,从宏观的历史和古北口重要的军事地理位置上看,此庙当建于明成祖朱棣统治的永乐年间。

真武庙主奉真武大帝,又称玄武神、玄天上帝。"玄武"一词,原是二十八宿中北方七宿的总称,形象是蛇缠龟,是道教崇拜的北方之神,是普天下整个水系的最高统领。所以,古北口的真武庙建在潮河边,原因就在于百姓想借助真武大帝的神力,阻止潮河洪水泛滥,永保平安。

那么,真武大帝又与永乐皇帝有何联系呢?这要从他如何当上皇帝说起。1399年,燕王朱棣起兵,开始与侄子建文帝争夺江山,史称"靖难之役"。

据民间传说,朱棣兴兵之际,多次急切地询问僧人道衍起兵的日期。道衍总告之:"待吾师来助方可起兵。"数天后,道衍禀告燕王说:"明日午时起兵。"次日,朱棣便杀死朝廷派驻的北平守官,并派燕王府的卫士攻克九门,设坛祭纛(古代军队里的大旗)。此时,大家忽然看到空中旌旗蔽日,兵甲如林,为首之人披发执剑,神秘莫测。朱棣大惊,急问道衍:"此何神?"道衍回答说:"此吾师玄武神,率天兵前来帮燕王靖难。"朱棣立刻披发执剑,与玄武相应。实际上,这只是道衍为朱棣导演的一出戏,目的在于鼓舞士气。

此后,燕王的军队苦战4年,终于在1402年攻破南京,燕王朱棣继皇帝位,即明成祖,改元永乐,并于1420年迁都北京。为了进一步巩固皇权,宣传"君权神授"思想,他将真武大帝的地位进一步提高,并自比真武大帝,在全国各地广建真武庙。特别是在湖北武当山为真武大帝修建道场,极尽奢华。

与此同时,永乐皇帝还在北部边关大建真武庙,以威震北方。古北口的真武庙即建于此时。这是明成祖企图在思想和文化上来巩固其统治地位,名义上是教化守军和百姓信仰真武大帝,实际上是想让百姓崇拜他自己,希望大家用真武的勇武精神抗击元朝残部和其他北方游牧民族的进犯与骚扰。所以,古北口潮河关的真武庙，规模虽然不大，但却是古北口文化形成和发展的重要历史实证。

值得注意的是，潮河关的真武庙是和瘟神庙建在一起的，与两庙相对的还有一座戏楼。据文物部门认定，戏楼始建于明代，这就说明戏楼的兴建应当和真武庙有直接关系，修建者是想通过唱戏的方式来宣扬真武大帝的威力与功德，客观上也可以借助百姓对瘟神的崇拜，强化对真武大帝的信仰。

就这样，真武庙与瘟神庙、戏楼相辅相成，融为一体，成为古北口寺庙建筑中较为奇特的一景。

清真古寺不寻常

古北口清真寺位于古北口镇潮河西岸，占地面积1925平方米(东西长55米,南北宽35米)，中间主体建筑是明三暗九的正殿，正殿坐西朝东，前出廊，廊里是木隔扇，四周环以磨砖对缝的青

古北口清真寺

砖壁，殿顶是南北两条大脊，脊头有栩栩如生的青砖透雕的小兽，与正殿相连的是一个双层木楼藏经阁楼，楼顶为一个宝葫芦样的瓷缸大顶，远看非常壮观。正殿南侧为讲经堂3间，北侧为阿訇居室和沐浴室3间及清水井一眼。

古北口清真寺始建于何年代不详，但从院内挖出的石碑记载，重修于明崇祯二年（1629年）九月。到了清朝康熙年间，西宁人马进良任古北口提督府任提督，重新修建了清真寺。由于他在古北口政绩突出，得到了康熙皇帝的赞誉。有一次，康熙皇帝到古北口接见了马进良，并亲自赐他御衣，还写了诗文"为古北口提督马进良题"，诗曰："勇贯先锋气，鹰扬后阵威。秦关提宝剑，沙碛历天旗。白发秋霜肃，丹心皎日辉。饯饮军民别，恩崇赐御衣。"

"两步三座庙"景观奇

在古北口境内，有一座重要的古代建筑群——药王庙。

药王庙实际上是对一个建筑群特有的民俗称呼，是古北口胜景"两步三座庙"的所在地，包括药王庙、关帝庙、龙王庙、观音阁、戏楼、抱厦、牌楼等建筑，独立形成院落。药王庙的建筑，可以分为四层：山门前一层，前有琉璃影壁；戏楼、关帝庙、药王庙一层；龙王庙一层；观音阁一层。从庙宇的建造年代顺序上应是先有药王庙，然后建关帝庙和戏楼，形成一、二层院落格局，然后建龙王庙,最后在高处的小山上建观音阁。"两步三座庙"之说,是指从关帝庙经药王庙,再跨过左边一个墙的门,就是龙王庙。这一方面说明了庙宇间隔的紧凑,一方面也说明要上观音阁还需攀几十级台阶方能到达。如此庙中套庙,构筑奇特,可谓奇观。

"两步三座庙"可谓古北口有趣的宗教文化现象,明明是"四庙一楼",却总称为"药王庙",而且药王庙还不在建筑群的正中,被挤在山脚下。据当地百姓讲:药王庙兴建的时间最早,后来新增建的新庙都在药王庙的范围之中,新庙虽都有名字,但也只能屈尊作为药王庙的一部分,总称仍沿用药王庙之名。而且,除药王庙外有庙会外,其他几座庙则没有庙会,故药王庙的知名度最大,所以总称作"药王庙"。这种"四庙一戏楼"的奇特景观,主要是由于古北口特殊的地理位置形成的。众所周知,古北口是一个历史悠久的边塞重镇,规模不大,地势险要,过往人员和久居人员都相对庞杂,其精神需求往往较多样,但古北口镇内面积又相对狭小。所以,增建庙宇便只能集中在一起。这样既节约空间,又方便祭祀朝拜,又能满足不同阶层的精神信仰,可谓一举多得。

此外,药王庙之所以有名,还在于药王(民间的神)、关帝(儒家的武圣,道家也

药王庙戏楼东侧古牌楼

称关羽为道家的神,但关羽崇拜的核心是儒家的"忠"与"义")、龙王(道家的神)、观音(佛教的大慈大悲菩萨)在一个院落中供奉,可说是"四教合一",外带戏楼,在全国是很少见的。再加上药王庙建筑群依山而建,高低错落,较之平原的规整建筑更有一种境界。

谈完了药王庙的建筑,我们再来谈庙内供奉的"诸路神仙"。

药王庙

由于历史的长期流变和地域的不同,全国各地药王庙所供奉的神也不尽相同。中国古代被尊称为"药王"的有远古传说中的帝王、历史上的名医、对医药事业有贡献的官员等多位,如伏羲、神农、黄帝、扁鹊、华佗、孙思邈、张仲景等。

药王庙重建于万历三十年(1602年),完工于崇祯二年(1629年),店内供奉有十二位神仙,主供药王孙思邈。

关于这药王庙,还有这样一个民间传说,颇为庙宇增添灵气。

明洪武年间建古北口城时,拆了"北口"城洞和城墙,凿下山冈十几丈,这里便成了能通车的大道。某一天晚上,人们见到一只身上带黑纹的老虎趴在这里。原来,这本是卧虎山上的老虎,某天在山下吃了一头小兽,晚上下山来潮河边喝水解渴。当它路过蟠龙山下军营时,将军营里的几缸大咸菜吃光了。从那天起,老虎的嗓子便一天比一天难受,总是喘着粗气,一直折腾了很多天。

老虎喘得实在难受,就去找山神。山神告诉它:"北方连年战乱，患病的百姓太多了。这次洪武皇帝要徐达来建古北口城，刘伯温也来，而且他还会将药王孙思邈请到北方给百姓看病。你就在新开出来的北门坡顶上等着，药王会给你治疗的。"于是，老虎每天晚上就趴在这里等。

有天傍晚，一位老人从这里路过，老远就听到那老虎喘不上气来，便走近了几步。老虎一见，忙挣扎着立起来向老人点头，现出恳求之态。老人走到老虎跟前，仔细观察了一阵子后掏出一包草药塞在老虎嘴里，并随口说："回山吧！明晚再来！"以后，老虎便每天晚上来吃老人给的一包药，日子不长，病就痊愈了。

这件事很快便一传十，十传百，大家纷纷议论：药王爷能给老虎治病，也一定能为这一带的百姓治病。既然有药王爷在这儿显灵，咱不如给他老人家建一座庙，把他留下来。于是大家踊跃集资，很快就建成了药王庙。殿中龛是药王爷孙思邈，殿的东、西两面，供奉古往今来十大名医坐像。这时，那只被药王爷治好了嗓子的老虎得到消息也来了，依附在药王爷身边，再也不愿回山为王。药王爷就让它趴在西面神台的北头儿，专门负责给远近患气喘的病人治病，灵验得很。至今，药王殿西面的神台上，还有那约半米高，近1米长，满身黑色斑纹的老虎像。因为大家都知道它爱吃大咸菜，每当有人求它治病时，便用线绳儿穿一串咸菜片子，挂在它脖子上。不信，哪天您去看，它脖子上准有许多串咸菜，这让清冷的神像，有了一些微微的灵动之气。

关帝庙

关帝是中国人广泛供奉的一位英雄神,这主要是因为大家敬重关帝的"忠义两全",而对关帝的推崇在清朝则达顶峰。所以,古北口的关帝庙,其始建年代也在清朝。

这座关帝庙,有山门殿3间,2层,为歇山式殿宇,由灰筒瓦覆顶。殿内旧供奉铜铸关帝像一尊,高大雄伟,庄严肃穆。两侧各塑有一红一白两匹马,均为关帝坐骑。

关于古北口关帝庙,便有一个脍炙人口的传说。

有一年关帝庙会,从京城来了一个名叫"竹仙社"的京戏班,戏班在关帝庙前的戏台上连演了三天,场场爆满。可不知为什么,最后一天晚上的《古城会》一出戏,气氛却有些紧张,小花脸马天乐便悄悄地说出了其中原委。

原来戏班里有个规矩,在演关老爷戏之前,唱红生的要请出衣箱里的关老爷木雕像,摆供烧香,给关老爷磕三个头,口里还要念念有词,以求得关老爷的关照保佑,这时整个后台必须极其肃穆庄重,说是不这样关老爷会怪罪下来,戏要演砸的。而这次来到这个台口,院内就是关帝庙,便在庙内拜祭了。正在演红生的赵大鹏在关圣塑像前磕头的时候,扮蔡阳的二花脸孙老虎醉醺醺地闯进大殿,喊道:"你怎么拜这个泥胎呢,他连自己的马都管不住,夜里去庄稼地啃老百姓的麦苗,让人把马蹄用大钉子给上了,这是个假关公!"关帝庙的马夜里出去啃麦苗是当地的一个有趣的传说,这会儿被孙老虎用来奚落关公,还说这里的关公是假的，殿里烧香的人都十分愤怒。眼看就要出事，大鹏连忙站起身来，骂道："喝一点猫尿，你就胡说！"抬手就给了他一个嘴巴。这时有个看客喊道："你们快看，关老爷气得直瞪眼，关老爷显灵了！"正在人们注意关老爷的时候，大鹏拉起孙老虎慌忙跑回后台，和师父及几个师兄弟悄悄说了事情的经过。你想想，这是亵渎神灵的事，谁不害怕。少不得师父刘云飞又带赵大鹏和孙老虎重新回到大殿，祭拜，谢罪。此时，醒了酒的孙老虎已不敢抬头，一副诚惶诚恐的模样。

压轴大戏《古城会》开锣了。赵大鹏扮演的关羽庄严大气，一句帘内唱的高亢浑厚的西皮倒板"离却曹营奔阳关"，便惹得台下掌声如雷。而孙老虎扮演的蔡阳一出台，大家看到的是一个矮小猥琐却妄自尊大的家伙。他向关羽喊道："你将首级留下，免得你蔡老爷动手！"台下便哄笑起来。这时关羽说："蔡阳，如此逼迫，恕关羽无礼了！"当下便开打起来。关羽佯败，蔡阳追来。张飞在城头助关羽三通鼓。关羽上，蔡阳追，关羽回马一刀，将蔡阳劈于马下，动作利落，气势磅礴。台下喝彩声势如潮涌。

本来演到此处，扮蔡阳的演员就地一滚，溜向后台，张飞开城，兄弟相会，唢呐吹响"尾声"，大戏就结束了。但此时台上却突发变故。只见那关羽见蔡阳溜向后台，便二目圆睁，大喝一声："蔡阳你哪里走？不将你杀死，关某誓不为人！"台上台下全怔了，怎么回事，加戏了？台侧的文武场不敢怠慢，起"紧急风"，送关老爷下台。跟着改"乱锤"，见那蔡阳丢盔卸甲，满脸血污，仓皇而上，那关羽追上台来，杀红了眼，抡起青龙偃月刀向蔡阳连连砍去,口中大喊:"让你看看关某是假老爷还是真老爷!"蔡阳招架不住,慌乱中蹿下楼梯,从山门向外跑去。关羽不依不饶,穷追不舍,很快便在夜幕中没影儿了。这时台上台下一阵大乱,人们喊叫着:"了不得了,关公显灵了,真杀蔡阳了!"纷纷跑出山门,唯恐再生其他变故。

半个时辰后,关羽单人回来了。只见他直眉瞪眼,进得房来便倒在地,口吐白沫,人事不知,那青龙偃月刀上却是血迹斑斑。

第二天天亮的时候,整个戏班已奔赴他乡,踪影皆无。一个放羊的人在潮河边上发现了一只带血戏靴。镇里的人们便断定是关老爷在河边劈死了蔡阳,弃尸潮河。

龙王庙

龙王属于道家神仙系统,其职能是兴云布雨,把龙当作掌管雨水的水神来崇拜是龙崇拜的重要文化内涵。人们把龙想象成能飞行在天的灵物,其在天空中飞翔之时必能带来雨水,使万物得到灌溉与滋润。

确实,雨水是人类赖以生存和发展的最基本的自然条件之一,和古人的生产生活有着极为密切的关系。不管是早期的采集和狩猎,还是后来的种植和畜牧,都离不开雨水的作用。风调雨顺则五谷丰登、牧草茂盛、民事康乐;久旱不雨则草干稼死乃至颗粒无收、人畜无食;雨水过多又成灾害。相对而言,人们对雨水的喜欢要多于对雨水的厌恶。但是,作为一种自然天气现象,阴晴雨霁是不依人的意志为转移的。它往往"不知时节",该雨的时候久久不雨,该晴的时候又久久不晴。古人对这些自然现象不可能有科学的理解,他们相信有超自然的天神主管着这一切,于是就把殷切的希望寄托在了超自然的天神身上,久而久之,龙就被升华为"雨师"的形象。"龙王"受到了百姓的普遍祭祀。凡有河泽之处,都有龙王庙,人们向龙王祈雨的习俗传承至今。古北口的龙王庙也不例外。

观音阁

观音是佛教的西方三圣之一,是大慈大悲的象征。原名观世音,也称观自在菩萨、观音菩萨、观音大士等。据说观音能听到人世间最细小的声音,世间一切遇难众生,只要口念观音名号,菩萨就会降临人间救苦救难。所以,观音一直受到中国百姓的尊崇和爱戴。在古北口不仅要为这样重要的佛修庙,而且还要选择神气、仙气、人气俱佳之地,药王庙所在之地便成了首选。但当时地面已经被药王庙、关帝庙及其附属建筑占满,实是无地可建了,所以只能建在高处的山上,庙虽小,但地势高,仍可显示观音的尊贵地位。

古戏楼

药王庙戏楼别具一格,它建在三座庙的山门上层,从庙门处看不出是戏楼，步入庙门迎面为关帝庙，待进庙院回首一望，竟是一座三间歇山顶建筑的戏楼。戏楼分上、下两层，下层中间是进入三座庙的大门，两边为储藏室，原庙门外两边置有木栅栏，里面各有一匹泥塑马，一红一白，据说为关老爷坐骑。戏楼上层为坐南朝北的舞台，戏台面阔约 10 米，进深约 8 米，高约 3 米，台上有四根圆柱支撑上顶，后面两柱是挂天幕之用，幕后为演员上下场走动的空间，观者在庙院内南面观剧。这种将戏楼与山门合为一体的建筑，较为罕见。

　　古北口药王庙景观，是古代特殊条件下逐步形成的儒、道、佛与民神四教合一的建筑群，其中出现的古代百姓虔诚信奉的神灵与百姓的生活息息相关。在这里，上述四种信仰在宗教上的矛盾被信仰者自己协调化解了，使诸神和谐共处在一起，成为独特的文化现象。

药王庙古戏楼

老宅大院话沧桑

古北口河西村原名柳林营，由于特殊的地理位置和历史的自然环境使民居老院建筑风格较为独特。其建筑是因地势而建的，除在明清时期官衙按皇家要求建筑之外，大部分民宅都是按照风水学天干、地支而建。基本上全是坐北朝南向阳的正房或四合院、三合院的建筑格局。

漫步在这里的老街上，历史留给人们的老宅院会隐隐映入眼帘。马家大院、孙家大院、刘家大院、哈家蜡铺、杨家大院等，比比皆是。

最大的老院要属辛家大院，分东西两套院，每套院22间房，正房5间，东西厢房各6间，腰房5间，两套院共44间房，中华人民共和国成立后由于土地改革，土地和房产都分给了当村的贫下中农。

后街的鲜家大院坐落在原清朝参将衙门后墙外，建于清朝光绪年间，是两进两深的四合院建筑，有东西配房，房屋48间，现仅存后院正房6间，前院有正房8间，东西厢房、倒座早已不存在了。虽然如此，鲜家大院在柳林营却是具有代表性的建筑，从家庭地位，到官位品级，在院落当中都能充分体现出来。

保存比较完整的是段家大院，属清代建筑，此房坐落在柳林营后街，门前有一棵大槐树，大树有两人合抱那么粗，枝叶茂盛，树高四五十米。一到夏天，村里的男女老少都到大树下乘凉、聊天，现此树已被定为保护树木。

段家大院的建筑形式是很典型的四合院建筑，前院南房8间，现存有5间，1间是门过道，东厢房2间，西厢房2间。一进门过道，就看到东厢房墙上的影壁，再往里走，中间有一门亭（现已无存），过门亭往里走，有北房（正房）10间，现存5间，东厢房3间，西厢房3间，院中东西两面有花池，房子都是前出廊后出檐的，东西厢房过道向前院去都各有一个月亮门，后院正房中还有一个带隔扇的小后门，能去后院。据说以前后院还有房间，但现在都已归别家所有了。

河西村段家大院

段家大院的建筑风格与北京四合院大体一样，是个正方形二进院，房屋的正面向着院落内，也就是对着后部的主体房屋，是倒座形式，所以平时称它为"倒座房"。整个四合院的四面房屋之间，大多不相连，有一定的空间和距离。段家大院的四合院是典型的古北口五花山风格，坎墙全部用鹅卵砌成，用麻刀灰勾出莲花等图案，"倒座房"中间为前出廊，大门为北京传统的广亮大门建筑，外檐下均为砖雕花饰。大门里对面东厢房南花墙上有"鸿禧"影壁。清末时，院内着了一把火，风水先生说门楼设得不是地方，故把大门堵死，走东跨院小门至今。

河西村究竟有多少老院，谁也说不清，但据老年人介绍，解放初期，柳林营有16间房二进套院儿或一进套院儿的大院儿共100多家。这些大院的主人多数是买卖人和清朝举人及地主，而柳林营里土地少，大部分地主家的土地都在外乡，柳林营只是他们生活居住地。像马家大院的马仲贤家的土地在新城子巴各庄，孙家大院的孙多吉家的土地在不老屯，孙昆山家的土地在河北兴隆等。

一座座古朴的院落，书写着一个个鲜活的故事，讲述着一段段古老的历史。有的虽然已被拆毁，遗迹犹存；有的虽已残破，但依然耸立，保护和传承这些历史古迹成了历史赋予河西村人新的使命。

交通概览

鸣梢旋度玉关雄,秋老林岩飒飒风。
回首龙庭程已杳,前瞻畿甸气方葱。
屏藩北界金汤壮,来往南朝玉帛通。
楼橹堞垣须整饬,由来设险重王公。
　　——清·弘历《进古北口》

古北口关是山海关、居庸关之间的长城要塞,"南控幽燕,北捍朔漠",是华北平原通往内蒙古高原、辽东平原的咽喉要道,自古雄险天下知,"燕京门户""京师锁钥"闻名久。

漫话古北大道

早在三四千年以前,华北大平原上河道稠密,湖淀沼泽分布广泛。这样的地方,人们是很难通行的。唯有华北大平原的西缘,也就是沿着太行山东麓南北一线高地,是便于古代先民往来的通道,这条南北通道,我们不妨称之为"太行山东麓大道"。考古

雄关古道

工作者已发现的许多新石器时代的文化遗址,沿着太行山东麓密集分布,说明这条大道早已被我们的祖先开辟出来了。而屏障华北大平原北端的军都山、燕山山地,虽然也阻断山前山后古代先民往来的去路,但是,其间有一些天造地设的峡谷山口,其中最主要的是居庸关和古北口两处孔道,成为山前山后的人们相互交往的必经之路。通过居庸关孔道的一条路,可称为"居庸关大道";通过古北口要塞的一条路,可称为"古北口大道"。除此之外,若沿着燕山南麓东去,转过山海关和辽西走廊,可去松辽平原,这条大道可称为"燕山南麓大道"。以上所说的山川形势和道路格局,就是北京城的前身蓟城这个古老聚落形成的地理条件,可见,北京城的成形与古北口大道关系密切。

在这样的地理条件下,可以设想,当古代先民沿着太行山东麓大道自中原北上的时候,渡过永定河后,如果继续前进,可走的路只有三条,或者向西北经居庸关大道径上内蒙古高原,或者向东北经古北口大道进入燕山腹地,或者向东经过燕山南麓大道或山海关大道,通达松辽平原。古北口大道位居三条大道之一,这样看,古北大道不仅是历史悠久的南北交通干道、枢纽,更是北京城最早的前身蓟城形成的根本条件之一。

古北大道在十六国时已见通行记录,但因其间险狭崎岖,山路漫长,一直并非常途。前燕慕容曾由此道南袭后赵蓟城,自谓"诡路出其不意",可见该道较少人行。古北口在十六国时期称塞,经过此即可达塞内重镇蓟城。

古北大道,铸就了古北口文化的开放之路。有了这条路,便有了中原文化、游牧文化在这里的不断碰撞，不断交融。这不竭、向心律动的就是华夏民族历史相融的血脉！

古北驿道

提起辽宋时期的历史，人们恐怕一下子就会想起"杨家将"英勇抗辽的故事，从而在脑海里勾勒出那战场上的厮杀。其实，辽宋曾经有一大段时间是结盟通好的，如此和平相处达百年。而连接百年通好的典型见证，就是途经古北口境内的一条沟通南北的驿道。

千年之前，也就是宋景德元年（1004年），辽宋订立了"澶渊之盟"。盟约规定：宋真宗以辽萧太后为叔母，辽圣宗称宋真宗为兄；宋每年向辽输银十万两、绢二十万匹；两朝罢兵，各守旧界。从此，辽宋边界的纷争趋于和缓，人们终于可以停下来舒口气了。

"澶渊之盟"后，由于社会相对安定，南北经济都得到了发展，辽宋之间也开始互派使者频繁往来，而古北口正是沟通南北两朝的交通纽带。

宋景德二年（1005年），辽宋之间的通好有了实质性措施：开始建立互派使者的制度。每年双方互派"贺正旦使"，向双方君主拜年；互派"贺生辰使"，在对方太后和皇帝生日前送上丰厚的寿礼；一方有大事，比如皇帝驾崩、新君登位，要遣使报信，双方则回派使者。如遇双方发生争端，随时派出使者谈判解决。

辽国南部有深山峡谷，北有大漠戈壁，路途艰险遥远，为了方便双方使者来往，专门修建了驿道，每隔一段路程建有驿馆，供使者食宿。当时，从辽宋界河

古道西风

白沟（位于今河北省高碑店境内），经辽燕京（今北京）、辽中京（今内蒙古宁城县境内），到辽上京（今内蒙古巴林左旗南），共建驿道近1000公里，沿途修筑驿馆32座。此外，辽还在古北口置有榷场，并设有税官，使山南北得以贸易。

那时辽帝一年四季都出巡打猎，称"四时捺钵"，故经常在捺钵地点接见宋使，因此宋使不一定必须到辽上京，但从白沟到中京这段路程，却是绝大多数宋使的必经之路，也就意味着途经古北口的驿道是其必经之处。

说起白沟到中京间的驿路，当时竟然长约570公里，有驿馆20座，其中在今北京市境内驿路约有175公里，驿馆7座，而

密云境内驿路却有70公里，驿馆3座，足见其要冲之位置。为了方便使者途中休息，各驿馆之间还建有一些"顿馆"。

宋人对当时驿路记载很多，尤其是途经古北口的驿道，记载颇详，其大体内容如下：由顺州（今顺义）前行35公里到达檀州（今密云），这里是辽驿道上的第8座驿馆，当时檀州为辽南京析津府下辖之州。

从檀州前行25公里，是驿道的第9座驿馆——金沟馆。宋使王曾《上契丹事》载："将至馆，川原平旷，谓之金沟淀。"金沟淀和金沟馆今已淹没于密云水库中。

又从金沟馆前行45公里到古北口，就到了驿路上的第10座驿馆——古北口馆。宋使在古北口有一个必去之处，就是"杨令公祠"。杨令公即人们熟知的抗辽英雄杨业，他不仅在中原受到崇敬，在"辽邦"也享有崇高威望，辽人甚至为其立庙祭祀。当年苏辙过此，曾写下《古北口谒杨无敌祠》一诗，流芳至今。

从"澶渊之盟"到辽末，包括古北口在内的驿路使用了120多年。双方使者你来我往，从未间断，其间上演了无数可歌可泣的历史故事。

宋靖康二年（1127年），金灭北宋。自此，南宋、金使者往来已不再走古北口驿路。

1234年，蒙古灭金，天下一统。有元一代，实行两都制，即大都（今北京）和上都（今内蒙古锡林浩特市南）。每年春季，元帝赴上都避暑，秋天再返回大都过冬。其所走之东路，便是由大都东北行，经顺州（顺义）、檀州（密云），过古北口后出塞趋上都。《元史·世祖纪一》：中统二年（1261年）十月，"诏平章政事塔察尔率军士万人，由古北口西便道赴行在所（指上都开平府）"。十一月，"分蒙古军为二，讷怀从阿忽带出古北口，驻兴州"。他们走的都是古北口古道。《元史·世祖纪二》：中统三年（1262年）闰九月，"敕京师顺州至开平置六驿"，这六处驿站也都设在出入古北口的元代官道上。《元史·世祖纪九》：至元二十年（1283年）十月，"车驾由古北口路至自上都"，说明元世祖也曾亲自走过这条路。

古北邮驿

自古以来，因古北口为北京东北之门户，故驿站建立较早。元世祖中统三年（1262年）闰九月，立古北口驿，但该驿设置不到一年，即被撤销。

明朝密云处于京畿与边陲重地之间，与通往京城的干路紧紧相连。因此，密云路段驿铺设置增多。洪武十一年（1378年）设驿于密云县城。洪武十三年（1380年），又设密云驿于城西南，称凤凰驿。洪武二十七年（1394年）六月，置古北口驿，设驿丞衙署。景泰二年（1451年）十一月，"古北口驿火，军马草尽被焚烧，朝廷命户部运折粮银一千两赴密云，买草给古北口驿饲马"。嘉靖十年（1531年）九月，巡抚顺天佥御史周期雍言："古北口驿，僻居边隅，供应甚寡。怀柔密迩京师，为衢道，乃不设驿，烦简失均，宜革古北口驿。"于是，古北口驿被革。

清康熙三十二年（1693年），古北口驿复置。驿站位于古北口城北，因其位置重要，故委驿传道掌管之，设管理驿站员外郎1人，笔帖式1人，主管对蒙古的邮驿政令。康熙年间，这里有马70匹，马夫35名。自雍正以后，驿站有马35匹，马牌子1名，马医1名，马夫28名，扛轿夫9名，接递皂吏3名，抄牌2名。

但古北口驿站终于还是坍塌了，坍塌在历史的风雨中。

民国时期，脱离了封建帝王的驿站于1926年变成了邮局，当时是在古北口镇西恒街选址兴建的古北口邮局，设一名局长，一名营业员，两名邮递员，有两匹好马供投递使用，以为国民政府和民众传递邮件的邮政业务为主，兼有邮政储蓄业务。

1933年1月，日军与中国守军激战40天后强行入关，古北口沦为敌占区。由于战乱，日本炮弹炸伤一名邮递员后，邮局随即撤销。日本进关后为了便于通信联络，于1934年建立电报局，同时担负军邮的任务。日本电报局的兴建既是日本侵华的罪证，又是古北口地面上在特定时期、特定环境下的外国"军邮"机构。该局房已于2001年古北口中学扩建时被拆除。

据《北京志·市政卷·电信志》载：光绪十三年（1887年），清政府开始大规模建设电信网。是年商造北京至张家口电线430华里。光绪十五年（1889年），商造张家口至恰克图（今属蒙古人民共和国）电线2400华里，重造北京经天津至大沽电线和先后建成保定经太原、西安至嘉峪关、通州经古北口至承德府电线等。由此，古北口设电报局，并成为继通州之后北京市辖区内有记载的第四个电信局所。无疑，这个电报局完全是为皇家服务的。宣统二年（1910年）十二月，密云县副都统鉴于各处发往密云的电报要经古北口折回投递，极为不便，遂奏请将古北口电线展至密云。

在古北口古御道上，有一处五开间的清朝古建筑，经当地老人指认，那就是当年的古北口电报局。老人介绍，那时的电报叫"肉电报"，意思是当报务员接收了一张电报后，由差役骑快马送达，所以称"肉电报"。站在如今尚在使用的御道上，似乎看到了旌旗猎猎、威武雄壮的皇家仪仗，听到了递送电报的快马疾驶而过的嘶鸣声。

古御道上的故事

康熙四十二年（1703年），开始在热河兴建大型行宫，初名"热河行宫"，康熙五十年（1711年）题额"避暑山庄"，又称"承德离宫"，至乾隆五十五年（1790年）才完成全部工程。自建避暑山庄起，清代皇帝差不多每年夏天都要前去避暑，并到围场秋狝。

为了在北京与承德间来回方便，清朝修建了600多华里的京热御道，并在御道中筑行宫多处。从康熙四十二年（1703年）到嘉庆二十五年（1820年）的117年间，这条御道和众多行宫一直迎送着清王朝的几代皇帝往返于京师、热河与木兰围场之间。可以说，这条御道和途中的行宫是清朝统治者使用时间最长、修筑最好、风景最优美的，而御道古北口段则是整个京热御道途中的亮点。

这条御道从京师出发，到密云一般有两条路线：一条是从东直门出京城向东北，经当时顺义县三家店、牛栏山、怀柔到密云。康熙时期多走此路线；第二条是出圆明园往北经汤山，再往东北经南石槽至密云行宫的路线，乾、嘉两帝主要走这条路，接着从密云起程经罗家桥、石匣城、遥亭、南天门至古北口。据沿途乡民讲，当时从京师至古北口的这条御道主要是由乡间小路铺宽的土道。清帝由密云经九松山、石匣城、遥亭，过南天门，渡潮河浮桥，"每岁秋狝木兰，乘舆过此，例造正副浮桥以渡"。过桥后沿潮河东岸北行，经古北口村内的大街出关或驻跸在西山提督府（今古北口中学校址），第二天再行进。当年的古北口，南部为川原湖淀，往北则绵延叠翠，再加上这里的古镇雄关和起伏蜿蜒的万里长城，真可谓处处优美如画，康熙、乾隆、嘉庆、道光皇帝多有盛赞。其中康熙皇帝曾在古北口"御门召见农夫野老，垂问晴雨粮价"，百姓白天去见皇帝，一直说到"灯火照耀"。康熙、乾隆、嘉庆、道光诸帝在古北口御道留下诗篇近 200 首，其中既有对古北口山河的赞美，又有关切百姓生活、生产情况的真实写照，更有借景抒怀、修德明政的慨叹，这些诗篇足以为古御道增辉。

古御道太过古老，大家津津乐道的故事很多，但关于南天门御书房的话题是最多的。

通过南天门故道的远行者（1906年）

南天门御书房始建于康熙四十三年（1704年），位于古北口西南，正在御道之上。南天门建在两山崖间，门呈拱形，上有链式矩形木栏杆圈围谯楼，门旁依山垒筑平台，上建南海大士、真武大帝殿各3间。关圣帝君、二郎神配殿各3间，山门外建有禅房6间，团围群墙长1300米，高8米。工程告竣后，康熙皇帝手书"横翠"匾额，题联曰："书阁山云起，琴斋涧月流。"新建成的南天门，"前拱神京，后临古北口，崇山罗列，峻岭迢遥，地虽无雁门之险，景亦有剑阁之形"，是清帝北巡热河避暑山庄的御道息饮之地（停歇站，不留宿）。

此后100多年间，随着清政府统治危机的不断加深，皇帝们的雅兴一扫而光，南天门也就日趋萧条。直到道光十九年（1839年），南天门住持僧绪志率众募化，重新将南天门修葺一新。后又经40多年的风雨摧残，南天门再度残破不堪。光绪二十年（1894

年)叶志超由海防一带营务劝善捐资,再将南天门加以整修。

正因为古北口交通位置的重要,特别是清代御道的开辟,这里便成为沟通关内外的通道,南北物资的集散中心。南方的丝绸、布匹、茶叶、瓷器等多种工业品运到这里销售;北方的粮食、牲畜、畜产品、药材等也运到这里集散。当时在北京市区与古北口之间贩运物资,称为"跑口"。一些人是"跑"张家口,一些人是"跑"古北口,足见古北口市场之影响力。

当年的古北口商路上,来往行人、商贾、拉拉车、骆驼队不绝于途。大家赶前赶后,都要在古北口落脚,其货物或者在当地销售,或者在这里稍做停顿后继续前往通州、北平或天津销售。甚至远到赤峰、经棚、喇嘛庙,近到离古北口几十公里甚至上百公里的口外四大屯(鞍匠屯、金钩屯、郭家屯、皇姑屯)的老百姓大多用粮食、山货到古北口换回食盐、布匹、日用百货。四方客商到这里做生意,带动了餐饮、住宿、运输等方面的服务业相应发展,这不但大大促进了古北口经济的发展,还相继出现了一

20世纪初经过古北口的商贸骆驼队

批老字号的商铺，其特色产品远销京城及天津等大城市，如永盛公的香油、德裕兴的米醋、聚源号的酱油，均远近驰名。

古北口商业的发展，不但富了本地人，而且众多的外地人也在此发了家，比较典型的就是聚源号的掌柜，其原籍河南，就靠着挑来古北口的一挑香油起家。由于他注重质量，薄利多销，因此资金逐渐越来越多，聚源号也成古北口有名的商号。后来，他不但在古北口开有商号，还在天津开有分号。

当时古北口城北门外到关门内长约1.5公里的上坡、北大街、东西横街就是一个集中的商业区。街道两旁店铺鳞次栉比，南北各地的特色商品都聚集于此，特别是旅店、饭馆尤为引人注目。每逢集日，更是人山人海，热闹非凡。叫卖声、议价声、饭馆门前用擀面杖敲打面案的声音，真是好不热闹。

20世纪初的古北口民居

御道如玉带，关内、关外变通途。御道经过古北口，商贸发达。之所以发达，原因很多。首先是地理位置便利，这里是北京通往关外的交通要道，是商品互通有无的好地方；其次是因为这里是军事重镇，历代都在这里驻有重兵，驻军的日常消费，也是一个很大的市场，不但有普通士兵的一般消费，还有各级将校的高档消费；其三，据一些史料记载，封建统治者为了加强物资交流，活跃市场，多将古北口辟为免税的关口，如同现时的"特区"，为这里的商业繁荣创造了有利条件。

通古铁路

清末民初，中国一直处于内忧外患之中，各国列强为掠夺中国的资源，竞相在我国境内修筑铁路，密云境内的铁路也不例外，是由日本侵略者强行修筑的。

1933年3月，日军侵入热河省，并于当年5月占领了古北口，4月份开始筑建锦（州）古（北口）铁路。锦古铁路是贯通东北和华北的交通线，该线自锦（州）朝（阳）铁路的支线金山寺，经承德至古北口，全长447公里，在密云境内全长42公里，于1936年6月竣工，1938年1月全线通车。锦古铁路刚刚竣工两个月，以日本侵略者为后台的伪满铁路局，于1936年8月开始通（州）古（北口）铁路的勘测，9月该铁路分为四段同时动工。

为了修铁路，密云人民的耕地被强占，房屋被拆毁，东北地区和密云的劳工被抓来强制修铁路。劳工在工具原始、吃不饱、穿不暖的情况下，从事劳动强度大的筑路工作，凡有逃跑、怠工等情形，即被日本人用汽车趁夜拉走杀害。在劳工的血泪中，通古铁路于1938年2月全线接通，与锦古铁路接轨，4月1日正式通车。通古铁路全长125公里，自统军庄入密云县境，经李各庄、密云县城、穆家峪、石匣、高岭，自古北口出境，境内全长74公里，设有密云、小营、石匣、下会、古北口5座车站。

通古铁路与锦古铁路全线贯通后，通州至承德称（北）平承（德）铁路，即为京承铁路的前身。古北口西街一直向西，横过铁路的地点，就是通古铁路与古承铁路的分界线。界线以南归伪华北政权所属"华北铁路株式会社"的北平铁路局管辖，伪华北政权铁路警察机关——警务段负责由此南行火车的押送任务；界线以北归伪满洲国"南满洲铁路株式会社"（俗称满铁）下属的锦州铁路段管辖，由南满铁路警察机关——警护队负责由此北行火车押车任务。两个警察机关的负责人均是日本人。

平承铁路贯通后，不仅可以满足日本侵略者在军事上的用途，而且还增加了一条经济上的侵略渠道。为了预防当地居民反抗压迫所进行的破坏活动，日军下令，铁路两旁200米之内农田不许种植高秆农作物；铁路两旁5公里之内的村庄要建成"爱护村"，负责维护铁路两侧的治安。

古北口处于两条铁路的连接处，又处于伪满与伪华北的交界处，战略地位非常重要。因此，日军在这里建立了许多与铁路相

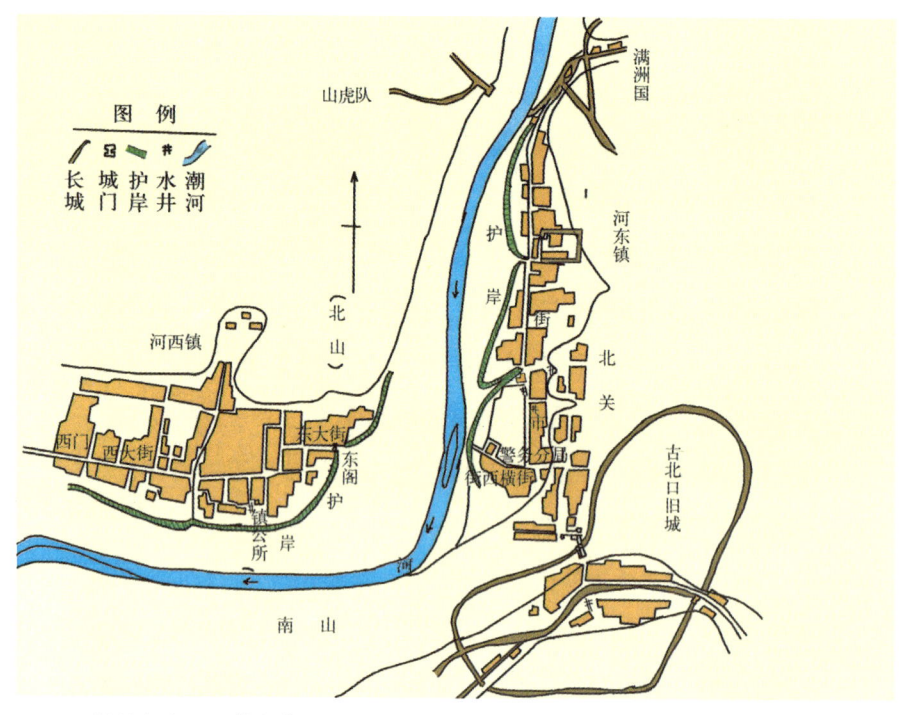

1938年古北口镇街市图

配套的设施和机关。古北口车站内有机关区、检车区、公务区、货运处等，还建有伪满银行兑换所和伪满海关检查处及国际运输株式会社古北口营业所。日军欲将平承铁路建成分割平北和冀东两块抗日根据地的封锁线，在沿线建有碉堡，但屡受广大爱国军民破坏。

1945年石匣至古北口的铁路全部被毁。到1948年密云县解放时，县境内的通古铁路全部被毁，密云县内的第一条铁路也完成了其历史使命。

古镇人物

人工真可夺天公,界限风光迥不同。
今日入关逢绿柳,前朝背树忆丹枫。
黍稌是处欣都稔,睥睨当年势尚雄。
地脉千秋自无恙,陡怀壮士对西风。
——清·弘历《入古北口》

我们大多都喜欢发生过、经历过、承载过大历史的大背景。那是因为人类的故事在无休无止地演出,演员自然可以一批批地换掉,但背景却是完全相同的。当我们在完全相同的背景里站定时,眼前就会"哗"的一下,万马奔腾,烟尘四起。

那些缠绵在山水间的往事一跳而出,栩栩如生地展现在我们眼前。

地理学家郦道元

我国古代著名的地理学家郦道元,是漫游古北口山水的第一位"游客"。

郦道元像

郦道元(466—527年),南北朝时范阳涿鹿(今河北省涿鹿县)人,历经北魏孝文帝、宣武帝、孝明帝时代。世人皆知郦道元因撰写了地理学名著《水经注》而名垂青史。幼年,他便跟随做青州刺史的父亲郦范游历山东各处名胜,对地理学产生了浓厚的兴趣。青年时代,他研读了古代地理学著作《水经》,感到这部书虽有价值,但是过于简略,且多有差错,所以决心补其不足,为《水经》一书做"注"。

孝文帝时,他成为皇帝身边的"工作人员"——尚书主客郎。以后,他又先后担任治书侍御史、辅国将军、东荆州刺史、河南尹、黄门侍郎、安南将军、御史中尉等官职。平时,他经常有机会督察州县,或奉使出外公干。一来二去,中国北方的大小河流之畔,几乎都留下了他的足迹。

郦道元考察了北魏境内几乎所有主要河流,又搜集了大量前人书籍、汉魏碑刻,经过长时间扎实的准备,在工作之余开始撰写《水经注》。原来的《水经》仅有1万多字,记述了我国137条大小河道。郦道元的《水经注》约37万字,记述河流水道1252条。在《水经注》中,郦道元详细叙述了河流的发源、走向、各流域的自然地理、经济地理、水道所经之处的山岭、都邑、珍物、异事等。关于潮河,郦道元在《水经注》中为我们做了如下记载:

"鲍丘水出御夷北塞中,南流迳九庄岭东,俗谓之大榆河。"鲍丘水即今日之潮河,其发源于河北丰宁境内,鲍丘水显然是当时官方及文人对潮河的叫法,老百姓却有再通俗不过的称呼——大榆河。

"大榆河又东南出峡,迳安州左合县之北溪水……""出峡"之处即指古北口,古北口原名"出峡"即来源于此。接着,《水经注》云:鲍丘水"又南迳厗奚县故城东,王莽更之曰敦德也……"鲍丘水由北而南流的河段是在古北口内一段,所以凭《水经注》的记述便可断定,当时在古北口内潮河之西有西汉古城——厗奚城。《历代地理志韵编今释》亦云:"厗奚,西汉县,(属)渔阳郡,今直隶顺天府密云县东北。"

记述语句虽不多,但画龙点睛,为我们勾勒出了古北口的远古风貌,让我们远隔千年亦能清晰地听到历史的回音。

驿路上的远行者

宋朝时,哪些人"知名度"最高?人们也许说不出宋朝皇帝的名字,可是一定知道包公、"唐宋八大家"以及《水浒传》中的人物。

宋景德元年(1004年),宋辽"澶渊之盟"以后就结成"友好国家"了,两朝罢兵,各守旧界。宋辽两国这次和解,一直持续了119年。在这期间,两国始终保持一种和平友好的关系,双方的君主每年都互派使臣、交贺生辰、互贺正旦。据史料记载,宋辽先后派出过1600多名正式使者出使对方。宋朝的使臣出使辽国,十有八九是从首都开封启程,到白沟进入辽国地界,经燕京(今北京)、顺州(今顺义)、檀州(今密云),过古北口、承德,最终到达辽都上京,古北口为其必经之途。

宋宝元二年(1039年),宋仁宗派右司谏、直集贤院韩琦赴辽贺正旦。韩琦在宋仁宗宝元、庆历年间任陕西安抚使、陕西经略安抚副使等职,与范仲淹共事,抵御西夏。后入朝任枢密副使,支持"庆历新政",后拜相。

宋宝元三年（1040年），宋仁宗又派太常丞、史馆修撰富弼赴辽贺正旦。宋宝元五年（1042年），新继任的辽兴宗挑起疆土纠纷，富弼于四月、六月马不停蹄出使辽国。富弼同韩琦一样，后来也官至宰相。

著名科学家沈括1075年出使，与辽解决领土争端。

包公，名包拯，知开封府时，执法如山，不畏权贵。他任过监察御史、天章阁直学士、龙图阁直学士，官至枢密副使。宋宝元八年（1045年），时任监察御史的"包青天"受宋仁宗的派遣赴辽贺正旦。

《水浒传》里，既有造反的豪杰宋江、李逵等，也有统治阶级的代表人物蔡京、童贯等。北宋末年，曾有"贷赂公行、党羽满朝"的"六贼"。蔡京是"六贼之首"，他也曾知开封府，先后任过户部尚书、右仆射、太师等职。童贯是宦官，是"六贼"之一，曾长期掌管兵权，权倾一时。蔡、童二人都来过古北口，不信大家看看《续资治通鉴长编》里的记载："元丰六年八月乙酉，奉议郎试起居郎蔡京为辽主生辰使。"

包拯像

《宋史·徽宗纪》及《北盟会编》里的记载："政和元年九月遣端明殿学士郑允中、武康节度使童贯为贺辽生辰副使。"

这就是说，蔡京和童贯分别于1083年和1111年来过古北口。

名垂史册的"唐宋八大家"中宋代有6位，其中的欧阳修是北宋的文坛领袖，曾任枢密副使、参知政事。《续资治通鉴长编》载："至和二年八月辛丑，翰林学士、吏部郎中、知制诰史馆修撰欧阳修为契丹国母亲生辰使。""至和二年八月癸丑，改命欧阳修、向传范为贺契丹登宝位使。"

那是在 1055 年八月，宋仁宗刚刚任命欧阳修为贺辽国国母生辰使，忽然传来了辽兴宗驾崩、辽道宗即位的消息，于是改任他为贺新君登宝位的使者。十二月份，他赶到辽上京，祝贺辽道宗即位。

苏辙，"唐宋八大家"之一，大文学家苏轼的弟弟，任过尚书右丞、门下侍郎。《续资治通鉴长编》载："元四年八月癸丑，刑部侍郎赵君锡、翰林学士苏辙为贺辽国生辰使。"

时为 1089 年，苏辙经古北口去辽，在古北口，他写下了不少诗篇。

宋朝使者出使辽国，可不是两手空空地骑着马走一趟北国。据《契丹国志》记载，宋朝每次遣使贺契丹国主、国母生辰带去的礼物，除了金制的酒器、食器、茶器、银器、酒、茶、果物以及乐器等都有定额外，还有"锦绮透背杂色罗纱绫二千匹，杂彩二千匹"。宋贺辽"正旦"的礼品，除金银器物外，还有"杂色罗纱绫二千匹，杂彩千匹"。当年，包拯、欧阳修、苏辙等人，就是带着这么多东西走过古北口大地，辽朝出使者亦然，古北雄关见证了这一切。

民族英雄戚继光

在古北口，在长城之巅，话题总也绕不过一位古人——戚继光。戚继光（1528—1588年），字元敬，号南塘，为明代抗倭名将、民族英雄。

隆庆元年（1567年）十月，戚继光奉命北上，以都督同知身份总理蓟州、昌平、保定三镇练兵事。后改总兵官，镇守蓟州、永平、山海诸镇。接到诏令后，随即深入三镇边防，考察边情，颇感形势严峻，尤其是边军各镇号令不一，人心各异，此疆彼界，划地为防，无法配合等问题更为突出。针对如此种种，戚继光于隆庆二年（1568年）正月向朝廷上奏，提出要用3年时间，训练一支车、步、骑混合编成的10万精锐部队，主动出塞打击蒙古骑兵。

同年冬，戚继光又针对蓟州的防务情况，提出将蓟镇的部队划分为山海关、石门寨、抬头营、燕河营、古北口、墙子岭、曹家路、石塘路等12路，每路设将领统率3000名士兵，同时提出建立7个战车营，分别驻守建昌、遵化、石匣、密云、昌平、三屯营等地。这样，他很快建立了车兵、步兵、骑兵，组成协同作战的车步骑营。众多战车组成的车营，配以杀伤力极强的火器，又具有机动性，能攻能守。这样就从根本上改变了原来长城一线单纯防守的被动

戚继光像

态势。

战略思想初步实现后,戚继光便决定修复以古北口长城为重心的蓟镇长城。于是,他开始考察蓟镇边防。在古北口段,他明显感觉这里的边墙虽然整修过,但未筑墩台,所修的边墙也较为低矮单薄,难以发挥阻遏蒙古骑兵的作用。于是他向蓟辽总督谭纶提出修边墙、筑墩台的建议。谭纶对戚继光非常了解,深知戚继光的建议是有战略眼光的,对此表示支持,只是希望戚继光再做周密勘察,然后正式上报朝廷。

戚继光在得到支持后,便亲自组织人员勘察地形,根据燕山山脉自西而东、横贯蓟镇境内、山峦起伏、沟深谷窄的地势,确立了以长城为依托,以关隘、城堡为重点的修筑原则,根据不同地形,确定边墙的高度、层次和墩台的密度、台形等。鉴于古北口长城段"京师锁钥"的重要地位,戚继光构思时间较长,最终决定一方面加高、加固、加厚原有的城墙,墙两面均设垛口,重要地段修筑重墙;另一方面,就是在长城沿线修筑墩台(也称空心台),作为边军驻守和战斗的堡垒。墩台分空心和实心两种,有方有圆,突出于城墙外。空心墩台有大小两种,大墩台设在险处,跨墙为台,台高16米,内有三层,上层供瞭望和观察,中层为战斗室,下层为库房和休息室。小墩台则突出城墙外3米多,高出城墙约5米,上层建有骑墙铺,下层为砖砌券式木楼层,可供10名士兵休息与战斗。敌台不远处，则另屯军队，如司马台城堡、古北口营城等，这样可以和台上守军配合作战，以保防卫万无一失。

隆庆三年（1569年）春，戚继光组织将士开始了艰巨的筑台、修墙工程。北方戍边士卒没有经历过严格的训练，突然要他们承担繁重的修墙筑台任务，困难可想而知，但不管怎么艰苦，戚继光修筑长城的决心未变。后来，他又将浙江、福建等地训练有素的部队调到修筑长城的第一线，实行以营为单位的定人员、定敌楼、定城墙、定银两、定天数的修筑责任制，修筑长城工程得以高质量完成。

在首辅张居正、兵部尚书谭纶等人的大力支持下，戚继光修边墙，置火器，整理军备，精心练兵，长达16年之久。史载：戚继光"边备修饬，蓟门宴然。继之者，踵其成法，数十年得无事"。

纪晓岚"蓝出于青"

纪昀，字晓岚、春帆，晚号石云。乾隆年间任礼部尚书，翰林院大学士。其学识渊博，才华横溢，正直清廉，妙语惊人。纪晓岚一生中多次往来古北口，留下了许多趣闻逸事。

乾隆二十一年（1756年），纪晓岚以翰林院庶吉士的身份随驾去承德避暑山庄，路经古北口潮河畔，见路边一家旅店的影壁上写有一首诗，因日晒雨淋，字迹大多看不清了，只有其中两句尚可辨识，写的是："一水喧涨人语外，万山青到马蹄前。"纪晓岚反复吟咏，十分赞赏，认为这样的诗句简直是把古北口的山水写活了。他问附近的人，这是谁写的诗，但无人说得出。纪晓岚为见不到这位有才气的诗人而惆怅不已。

6年后，纪晓岚任顺天府乡试同考官。这一天，主考官梁尚书从已初定的举人名单中画掉一人，授权纪晓岚补选一人。纪晓岚拿起一份拨给他的备卷，翻开一看，那诗写得极好，非饱学多才之士无以写出。这样，这个学子就中了举人，他的名字叫朱子颖。

纪晓岚像

放榜的时候已是深秋九月，朱举人家境贫寒，无钱买茶酒糕点，只好拿着自己的诗集呈上作为进见恩师纪晓岚的见面礼。纪晓岚翻开朱举人的诗集，一眼就看到了几年前在古北口影壁上所见的诗句，又惊又喜，赶快离开座位，握住朱子颖的手说："天地虽大，还是让我见到你了，真是难得的缘分呀！"朱子颖莫名其妙，不知道发生了什么事，纪晓岚便告诉他古北口影壁上两句诗的事。说罢，师生二人一同笑了起来。

不久，纪晓岚奉命去福建任学政，在归途中路经浙江。一天，他在江船上见两岸景色如画，诗兴顿生，随口吟出七言绝句一首:"山色空淡似烟,参差绿到大江边,斜阳流水推篷望,处处随人欲上船。"这首诗虽然用语平常,但富有灵气,咀嚼有味,多人读到后,都称赞这是一首好诗。恰好,这一天已被朝廷授予官职的朱子颖来拜见恩师,纪晓岚便将这首诗拿给他看,并诚心诚意地告诉他说:"我的这首诗脱胎于你的古北口诗,是向你学的。人家都是青出于蓝,我却是蓝出于青啊!"朱子颖见恩师如此虚怀若谷,不掩他人之长,心里十分感动,忙说:"老师这样讲,实在让学生无地自容。我那诗,绿到马蹄便止了,可那绿却一路跟着您,争着要上船哪!"纪晓岚故作严肃地说:"要是没有一点儿新意,那不成偷诗了吗!"说罢,师生二人相视而笑。

肃顺古北"走麦城"

清咸丰十年(1860年)正月,英法联军由天津进犯北京,咸丰皇帝被迫以"出狩"为名,仓皇地经古北口、滦阳,奔往热河。咸丰帝忧心如焚,身体日渐虚弱,于咸丰十一年(1861年)七月病死。此后,由御前顾命八大臣掌管朝政。他们不把两宫太后和远在京城的恭亲王奕䜣放在眼里。尤其是八大臣的领军人物肃顺与两宫太后剑拔弩张,势如水火。

九月二十三日,是咸丰皇帝梓宫回京之日。肃顺安排前后两批起驾。前面是两宫太后和怡亲王载垣、郑亲王端华护送幼主同治皇帝及六宫妃嫔，后面则是肃顺等人护卫咸丰皇帝梓宫随行。行前，肃顺密嘱载垣、端华等到古北口时向两宫皇太后下手。但启程前一天，西太后已密召侍卫荣禄，以备不测。当两宫皇太后诸人冒雨行到古北口时，载垣、端华等人正要动武，荣禄突然带兵赶到，寸步不离两后左右。载垣、端华两人的阴谋未能得逞，两宫皇太后顺利抵京。

再说肃顺等人，因为是护送梓宫进京，人马不能走得太急，直到第九天黄昏才到古北口。肃顺一伙人安排各路人马在卧虎山脚下的万寿行宫住下，派好各处防务后，才回到自己的卧房休息。因为有在避暑山庄与慈禧太后数次交锋的经验，自以为已稳操胜券，何惧慈禧和恭亲王奕䜣一班人。到了房间后关上房门，拿出了随手携带的酒壶，唤出在承德刚刚纳的小妾玉儿对饮了起来。

慈禧回京以后，在恭亲王奕䜣和大学士文祥等人的支持下，及时撤换了京中的步军统领，改由咸丰皇帝七弟醇郡王奕譞接任，并由奕譞率三千人马比肃顺早两个时辰赶到了古北口，到达后首先宣读了两宫太后懿旨，控制住了古北口驻防的八旗兵，又不露声色地将三千人马隐藏在卧虎山的山环之中，使肃顺到达后的一切活动均在监视之下，只等一声令下，冲下山去活捉肃顺。

当北斗升至中天，午夜已至，肃顺早已拥着玉儿进入了温柔乡，奕譞的三千人马潮水般冲进万寿行宫，肃顺还没明白是怎么回事，就被五花大绑绑了起来，押到了奕譞面前。此时的肃顺仍是一脸不服输的劲头，口吐狂言问奕譞何罪，刚刚17岁的醇郡王奕譞哈哈大笑，笑过之后手指面前的玉儿说道：你身为顾命大臣，在国丧期间不思为国分忧，反而拥妾取乐，光这辱没君父之罪就够你喝一壶的了。说得肃顺哑口无言。

肃顺被押解回京以后，先期回京的几位顾命大臣，一个没少地成了慈禧的阶下囚。肃顺以忤逆罪被斩首，郑亲王端华等因是宗室成员，在宗人府被赐自尽。只有额驸景寿，被免除一死。

这样，一场"辛酉政变"以慈禧等人的大获全胜而告终，从此拉开了慈禧太后统治中国的大幕。

冯玉祥军次北口

1924年9月17日，第二次直奉战争爆发。吴佩孚任命冯玉祥为第三路军总司令，出古北口路到赤峰一带与奉军作战。

古北口路，交通非常不便，加之沿途土地贫瘠，百姓生活贫困，军用给养无法筹措，而且越往北，人烟越稀少，行军的困难也就越多。这明显是吴佩孚有意借此机会将冯军调离北京，然后将其消耗在荒凉的长城之外。但吴却假惺惺地对冯玉祥说："古北口这一路，地势险要，既不易进攻，也不易据守，只有你这支劲军，才能担此重任。"哪料早已倾向于革命的冯玉祥正准备借机发动政变。

冯玉祥将军用兵向来较为神速，但这一次却显得十分拖延。他于9月18日受命为第三路军总司令，直拖延到21日，先头部

冯玉祥像

队才开始出发。冯玉祥将部队分为几个梯队,其各部行军,每天只前进10公里至15公里,全然不像上前线的样子。特别是本应先行的冯将军司令部,却于9月22日才从南苑出发,28日到密云,10月1日才到古北口。冯玉祥将司令部设在北门坡顶小老爷庙的楼上,各旅一律在古北口镇及附近支帐篷,不许进入民宅。

冯玉祥军到达古北口后,便以筹措给养为名停留下来。他一面督促沿途各县加紧修路,预先做好班师准备,一面令鹿钟麟的部队每天朝北京方向练习急行军。这样,既训练了部队,也使沿途百姓习以为常,以便将来班师时不会引起更多人的注意。

冯玉祥在古北口与直系的段祺瑞取得了联系,也秘密和奉系的张作霖达成谅解,而且张作霖的驻京专员马炳南还专程来到古北口,与冯玉祥进行秘密商议。

10月11日,冯军由古北口进驻河北省滦平后,迅速与张作霖的使者取得联系,次日便秘密返回古北口。这时,张作霖便把进攻赤峰的大部分兵力转到山海关前线,加重了对吴佩孚第一路军的压力。

冯玉祥早在从北京出发前,就布置蒋鸿遇对曹锟总统府、吴佩孚的动向及前线作战的情报做搜集工作。当他得知山海关前线直系军队放弃九门口的消息后，认为吴佩孚已到了崩溃前夕，随即派参谋长刘骥持亲笔信回北京与留守的胡景翼、孙岳联系，并给吴佩孚发电，电告已至承德沿线，但给养困难，行动不便。吴很快回电催促冯军迅速前进，以保大局转危为安。这时，冯玉祥又接到蒋鸿遇电报："前方战事吃紧，吴已将长辛店、丰台一带的精锐部队悉数调往前线。"

冯玉祥将军根据以上情况，认为时机已到，回师北京刻不容缓。于是迅速于10月19日在古北口令公庙紧急召开秘密会议。会上，他忧心忡忡地对众部下说："大家跟着我这么多年，历尽了艰难困苦。现在，国家闹到这个样子，我真不知道将来会把你们带到什么道路上去！"

鹿钟麟站起来，慷慨激昂地说："我们大家与您患难相从，甘苦与共，原不是为了个人私利，而是为了救国救民，我们愿意永远跟随将军，任何危险，在所不惜！"

就这样，冯玉祥将军正式宣布回师北京，推倒曹、吴，诸位将领一致拥护这一主张。大家又对回师的步骤进行了细致、周密的讨论和安排。随即冯玉祥发布命令：命鹿钟麟所部兼程进京；命已达承德的张之江旅、宋哲元旅立即回师，限期回到北京；封锁从古北口向南、向北的京热大道，遇有热河去往北京方向者，一律扣留，以免走漏消息。

冯军一切准备妥当后，于10月21日开始行动。各旅均用最快的行军速度向北京进发，数万部队一路行来，如流水一般，既快又稳，对沿路居民，丝毫也没有惊动。速度最快的鹿钟麟旅于

22日便到了北苑，其他各旅也都以昼夜行军100公里的速度鱼贯而行。

冯玉祥亲率刘郁芳旅，22日便到达高丽营，很快进入北京城，顺利占领电报局、电话局、火车站、汽车站等通信、交通机构，将总统府和重要部门的电话线全部切断，并迅速包围了总统府卫队……

北京城就在这夜幕沉沉、鸡犬不惊的情况下，未放一枪，不耗一弹的情况下易手了。10月23日，冯玉祥将军宣布推倒直系北京政权，囚禁大总统曹锟，驱逐末代皇帝溥仪出宫，电请孙中山先生北上等多项措施，这就是中国近代史有名的"北京政变"。

妇女界楷模廉维

提起著名电影演员张瑞芳，几乎人人皆知，但提起她的母亲廉维，却少有人知。早在抗日战争时期，周恩来在会见廉维时，就曾当面称赞她说："你的情况我知道，一位中将夫人，像你这样，确实难能可贵……"1944年，周恩来又写信给张瑞芳："你的母亲是值得钦佩的。她的许多事，你们做儿女的都未必知道……她是值得尊敬的英雄。"

廉维，原名杜健如，密云县古北口人，生于1889年，卒于1960年。

廉维夫妇和子女们合影

少女时代，她就是远近闻名的才女，后经在北京陆军大学读书的二哥介绍，嫁给了其同班好友张基。张基从陆军大学毕业后，就任属北洋军阀系统的保定军官学校炮科科长。1925年，他毅然倒戈参加国民革命军，当上了北伐军陆军中将炮兵总指挥。廉维跟随丈夫辗转各地。1928年春，张基不幸在徐州军中去世，当时年仅39岁的廉维正携子女6人居于北京。

噩耗传来，廉维没有就此消沉，而是毅然挑起抚养子女的重担，把对丈夫的怀念融入对儿女们深深的爱中。她严格教育孩子，希望他们学有所成。经过母亲精心培育再加上孩子们的发愤努力，很快，长子伯超考入南京中央军校；长女张楠考入大学文史专业；二女张瑞芳考入艺校学绘画，还演话剧；三女张昕，全面发展，样样功课都好。面对孩子们的进步，廉维露出了微笑。

不久，她便走上了革命道路。

九一八事变后，眼见国土沦丧，她忧心忡忡。已秘密加入中国共产党的长女张楠经常把一些进步刊物和进步传单拿给母亲看。在女儿的引导下，廉维也在日渐进步。1936年，她家已经成为中共地下党秘密活动的重要场所。北平市委书记黄敬、学委书记蒋南翔、河北省委彭真等同志都曾在这里开会或接头。廉维经常负责保管、传递党的文件，件件任务都完成得十分出色，这年冬天，她光荣地加入了中国共产党。

1937年，七七事变后，北平沦陷，三个女儿都奔赴抗日前沿，她仍坚持在家继续负责地下党的接头工作，直到1939年，才带着幼子张进来到晋察冀抗日根据地参加抗日工作。她先在涞水县做妇女工作，在抗日烽火中历尽艰辛，一次次从敌人魔掌中死里逃生。1941年，她又来到平山县保育院工作，她把精力一心扑在一个个幼小的孩子身上，无暇顾及自己的儿子，致使幼子在1942年3月病亡，年仅17岁。中年丧子，堪称人间惨事，但廉维仍忍痛坚持工作，因为她知道，自己失去一个儿子，可身边还有许许多多的儿子。

1942年冬，廉维来到晋察冀边区党校工作，由于在反"扫荡"中受伤，1944年党组织送她到延安治病，在这里她第一次见到了周恩来副主席。她向周恩来谈起了自己的家事，家里只有大儿子伯超在国民党军队，她最大的心愿就是能将儿子动员回来参加革命队伍。听了这番话，周恩来不由对这位革命的母亲非常敬佩。

1945年10月，周恩来特意将她秘密接到重庆。经她的启发引导，在重庆国民党军中担任炮兵营长的儿子毅然脱离国民党军参加到革命队伍当中。

1946年，国民党发动全面内战后，她又回到晋察冀解放区工作。这时候,她年岁较大,体弱多病,加之因长期工作劳累,导致一只眼睛失明,但她仍坚持战斗,坚持在基层做群众工作,和广大群众打成一片,和大家拉家常,讲革命道理,乡亲们都亲切地称她为"八路军老大姐"。

1949年,北平解放后,她又主动请缨,要求参加教育改造妓女工作,她满怀阶级感情,深入妓女中间,调查了解她们的身世和遭遇,和她们谈心,将党和政府的温暖带给她们,鼓励大家走自食其力的生活道路,并且尽可能地帮助她们建立新家庭。受教育的妓女都把她当作贴心人,亲切地称她"廉妈妈"。

中华人民共和国成立后,她首先把自己在北京法通寺的一处住宅无偿交给了国家,后来她担任商业部干休所副所长,仍然在发挥余热,顽强地为党工作。1958年,她又带头响应党组织的号召,主动退休。她经常对儿女们说:"我是后半辈子才参加革命的,文化低,为党做的工作太少了。"

1960年7月22日,为革命操劳一生的廉维同志不幸病逝,彭真和夫人参加了遗体告别仪式。周恩来总理向张瑞芳详细地询问了廉维逝世前后的情况,他感慨地说:"可慰藉的是,她看到了全国的解放,在新中国生活了11年。"最后,周总理为八宝山廉维同志的墓碑题写了碑文。

柳林旧地话乡贤

古北口人杰地灵,特别是柳林营(河西村)更是钟灵毓秀之地,这里人才辈出、代不乏人,涌现出一大批出类拔萃的人物,这对于方圆1平方公里,人口不过1000的小村来说,不能不说是个奇迹。

在古北口柳林营村西栅子边上,住着一户王姓人家,老两口生了4个儿子,为使孩子有出息,老头儿天天出去挑水,卖给官府和大户人家,妈妈为人家洗衣服挣点儿小钱维持生活,虽然家里经济拮据,可仍节省出钱来供儿子们读书。大儿子王汝贤16岁入保定武备学堂学习,毕业后即在新建陆军当兵,被袁世凯看中,认作干儿子。后来,被提拔为北洋常备军标统。宣统三年(1911年),调任京师拱卫军,任前路统领,1912年被授予中将军衔,后又任陆军第八师师长。到了1914年2月前后,率八师参加镇压河南白朗起义军,任将军府参军。1917年他率第八师与湘军作战战败,则携所得军饷60万大洋回到老家大兴土木,建立楼堂宅院,袁帝制失败后,他曾担任军政办公处主任,1918年代理湖南省督军,1919年去世。

二儿子王汝勤也非等闲之辈,是中国进入日本学校学习军事的早期留学生之一。清光绪三十年(1904年)毕业回国,任湖南省督府参谋长。1917年7月张勋复辟期间,他率所部参加段祺瑞讨伐张勋的战斗,其后被提升湖北荆宜镇守使。

1922年王汝勤任鄂西保安总司令,帮助处理湖北军务善后事宜,1923年四川省内军阀混战,任直系军队鄂西援川总司令,7月19日北京摄政内阁,任命他为长江上游总司令。同年7月25日被授予陆军上将军衔。不久率部参加浙江军阀战争,支持直系军阀齐燮元。这年的10月冯玉祥发动北京政变,推翻了直系军阀曹锟政府,他曾通电讨冯,在直奉战争失败后,又转而通电宣布独立以自保,后又反对广东革命政府关于召开国民会议的主张,支持段祺瑞召开善后会议,并以代表身份参加了1925年在北京召开的善后会议,自此一直在北京谋事,直至去世。

在村子里,经常被人们说起的还有冯树铭和张锡元。

在柳林营后街出生的冯树铭,字荫卿,曾任清末奉天岫岩州知州。1899年中秋节,他因公假回到家乡,到家后他没到官府拜访,只身察看柳林营山山水水,当他看到老家山高水浅,土地很少,人们生活困苦的境况,心里非常难过。有一天晚上,他邀请了当地段两峰、马举人等乡绅到家里做客,席间他与乡绅们合计,如何让乡亲们摆脱困苦的生活。反复商讨后,决定栽桑养蚕织布。假期中,他亲自运作,报请朝廷,并经直隶总督批准设立了"古北口桑蚕局"。捐银2500两,又借给垫银1300两。桑蚕局于1899年正式开办,利用空旷闲地、沙滩等处,前后栽桑树3.8万多株,果树100多株,榆、槐、杨、柳等树3000多株,此外还购得桑树苗2.5万株,种橡子12.8石,桑树苗10亩,安排乡亲140多人就业。经营三年，地丰树茂，颇有成效。看到丰收成果，段两峰写信告知冯公，冯树铭非常激动，又决定再次筹捐银子1500两，另行借给垫办银2000两，继续创办了织布局（后与蚕桑局合并为"古北口桑蚕织布局"），并于戊申（1908年）夏初正式投产。柳林营从此开始了大面积的绿化，织出的布做工细腻，受到了朝廷的好评，同时还作为皇宫指定的专用布匹。

张锡元，字暇民，1863年出生在柳林营后街，保定军官学校毕业，曾在大军阀吴佩孚手下当过旅长，任过察哈尔督统。

他时刻没有忘记家乡，在察哈尔任督统期间，曾主动捐出银圆2万块，在柳林营提督府内建立了小学堂，于1923年（民国十二年）4月12日正式开课。到了1934年（民国二十三年），张锡元的夫人又捐款2000银圆招收女生，设立了古北口高等小学女子部。古北口小学堂数十年间，为社会、为高一级学府培养了大批人才，像当时留校的董宝华、刘佩京、杨俊如都在柳林营小学当过校长。在校歌里曾唱道："密云三校，时代儿童，精神奕奕，卧虎争雄。顺潮流，以求均等，遵轨道，而进大同。张公兴学，辅我童荣。达才成德，风起云从。"

柳林营西胡同老任家，也是大户人家。嘉庆年间，曾有十几人走出村子在外地做官，任百勋、任元勋、任殿勋、任赫勋、任绍勋、任殊勋等人都在山西、开州等地当过守备、将军等职，特别是大哥任百勋在山西布政司、定襄县任职，因他爱民如子，听政严明，不用刑术，深受百姓爱戴。他卒于任上，贫元以殓，丧归时，数千人哭着送他上路。

这些乡贤都不是完人,但他们热爱家乡,热爱乡亲父老,所以他们让百姓们肃然起敬。恰如陆游诗云:"斜阳古柳赵家庄,负鼓盲翁正作场。身后是非谁管得,满街争说蔡中郎。"

传说故事

松棚低露豆花白,瓜架斜连枫叶黄。
荒城露下乱虫语,倦客一枕西风凉。
——清·秦瀛《晚宿古北口》

穿古北口而过的潮河

作为闻名华夏的雄关要塞，古北口有着许多动人的故事与传说，我们不妨采撷其中的几朵奇葩，与大家共同领略古北雄关那独具韵味的乡音俚调，共同回到那一片童真无邪的天地。

古北口地名的传说

北魏时，著名地理学家郦道元在《水经注》中叙述说："大榆河（潮河古称）自阳泉水流入……又东南流……大榆河自东南出峡。""出峡"之处即古北口，由此人们传说"出峡"就是古北口最早的名字。

古北口之得名，最早在唐代，史载："檀州（密云古称）密云郡燕乐县东北百八十五里有东军、北口二守捉。北口，长城口

也。"因"北口"介于蟠龙、卧虎两山峡谷之间,卧虎山奇峰凸起更显险峻陡峭、雄伟壮观。因此,唐时又称其为"虎北口"。

五代时已经有古北口之称见于史籍,这主要是指后梁乾化三年(913年)三月乙丑,晋将刘光浚克古北口。对此,胡三省注引《匈奴须知》曰:"虎北口至燕京三百里。"据此,古北口又称虎北口的称呼在史籍中已明确。为什么定名古北口?相传"古"是"虎"的谐音,"虎北口"叫的时间长了自然演变成了"古北口"。

金代又称古北口为留斡岭,并在这里筑"铁门关",在金宣宗贞祐二年(1214年),就有因"潮河水涨将铁裹门冲至老王谷"的记载。因此,古北口又被称为"留斡岭"或"铁门关"。

在当地,对"古北口"名称的由来,有许多传说。其一,因卧虎山下有"北口"(当时自北京小平原通往燕山以北有两条交通咽喉,即西北的南口和东北的北口),先称"虎北口",因"古""虎"二字谐音,后演变为"古北口";其二,这里历代设关,又因位于北方,史古位北,故名"古北口";其三,明建古北口城南门的门楣上,镶着刻有"古关"二字的石匾,城的北门又有"北口"之称,所以叫"古北口"。

正因为"古北口"名字的来历众说纷纭,于是就有了下面的传说:

很早以前,古北口还没有名字,可这里地势险要,山水清丽,是辽金以来历代皇帝避暑射猎之地。无论哪位皇帝都会在这里小住几日,赋诗数首,赞美一番后心满意足地回宫。

清乾隆年间,某次乾隆皇帝在去热河途中,在山水秀丽的古北口留宿。他在众大臣的陪同下,登上潮河西山,眺望长城内外风光,一时感慨万千。欣喜之余,他把刘墉叫到跟前问道:"此山、此水、此城这般壮美,你可知此地的名字?"刘墉想了半天,才支支吾吾地回答:"禀万岁爷,此地尚无真正的名字。据史书记载,这里春秋时期叫作北口,北魏时称出峡,唐朝时名虎北口。"乾隆听后面带沉思地问道:"前代皇帝多有到此者,为何没人给这里定一个好听的名字?"刘墉反应很快,顺口说道:"他们有意给您留着题名呢。"

乾隆皇帝听了刘墉几句奉承话,心里美滋滋的。随即命刘墉派人查勘此地古迹。晚上,乾隆皇帝正在饮酒之际,刘墉喜眉笑眼地走上来:"禀皇上,古迹已寻到,城南的门楣上刻有'古关'二字,北门门楣上刻有'北口'二字。"

古北口长城(1906年)

乾隆皇帝听后非常高兴，随口说来："此地叫'古北口'，你们看如何？"众大臣听后齐称："好名字，好名字，吾皇圣明！"不久，乾隆皇帝又派人在古北口的柳林营建了万寿宫，皇帝登过的山叫万寿山，万寿山的半山腰又建了一座万寿塔。自此，"古北口"之名便传遍天下。

山神助力修长城

司马台长城是古北口长城中最险要的地段，尤其是"望京楼"所在的山峰，山顶如鱼背，狭窄陡峭。而明代长城就建在这近千米高的山巅之上。

当年，人们是怎样把修长城用的砖石运上去的呢？

话说明朝隆庆年间，戚继光亲率戚家军来到北方，出任蓟镇总兵。由于戚家军军容威严，训练有素，朝廷便把守护和修复长城的任务交给了他们。

负责修复古北口长城段的老将军原是戚继光的亲兵，他很想干出些成绩，为戚家军增光。无奈这里山高势险，施工的军士和民工想尽了办法，物料就是运不上去。眼看时间一天天过去，修筑的期限快要到了。老将军心中十分焦急，一连几天寝食不安。

此时，朝廷已派出人来监督修长城事宜，延期要军法从事。朝廷派来的人再有4天就要到达这里。

一方面是朝廷紧逼，一方面是施工条件恶劣，老将军感到，在朝廷派员到达古北口之前的 4 天时间里，要想把此段长城修起来是万万不可能的，而自己又不能连累这些军士和民夫。于是，他决定千钧重担一人承担。

老将军到工地，把民夫、军士召集起来，哽咽着说道："烽火台不修了，大伙儿赶紧把剩下的粮食分一分，带上自己的行李，各奔东西吧。"听了这话，大家根本弄不清是怎么回事，可也不敢多问。急忙把粮食分了，打起行李四散而去。

司马台长城天梯

第二天早晨，一场大雾将漫山笼罩，十步之外看不到任何景物。但老将军还是按照平时的习惯，早晨起来沿着长城巡视。

刚走出不远，双腿忽然被什么东西绊了一下，一个趔趄摔倒在地。他仔细一看，原来是一位白发苍苍的老人和一个七八岁的小姑娘昏倒在路旁。老将军急忙上前，扶起老人和小姑娘，并将自己的战袍披在老人身上。

一会儿，老人慢慢醒来。老将军问道："老人家，大清早的您怎么会在这里，您从什么地方来，又到哪儿去呢？"老人发现自己面前是位将军，吓了一跳，继而见这位将军也是位老者，而且态度和善,就说道:"我是河北苍岩人,为躲租,带着小孙女逃难,因为连续几天没吃没喝,又迷了路,昏倒于此。"

老将军把祖孙俩领回军营,让手下人为他们熬了稠稠的一锅玉米粥。老人喝完了粥,四下里望了望,见老将军手下没有几个人,而且个个愁眉不展,就问道:"将军为何如此忧虑?"老将军就把修长城遇到麻烦,朝廷又紧逼的事儿说了一通。不想老人听后反而笑了。

就在老将军惊诧之际,老人说道:"老将军若不嫌弃,老夫愿助将军一臂之力,在4天内将长城修建起来。"

老将军和手下人一听惊讶地"啊——"了一声。老人看出了老将军的疑惑,就拍着胸脯说:"请您放心,若4天内修不成长城,我替您去抵命。"老将军依旧半信半疑,可一时又没有别的办法,就只好让老人试试了。

次日清晨,大雾依旧。老将军却听到山顶传来民工抬石头的吆喝声。他本想上去看个究竟,可是雾中山路实在难行,只好作罢。又等了一天,大雾依然没有散去。到了第三天,雾大得连对面的人都看不见,可听到从山顶上传来热闹非凡的声音。老将军也不知山上的工程到了什么程度,只好回营等朝廷派来的人问罪了。

到了第四天早晨,天已放晴,可老将军一点儿心情也没有,孤零零地待在军营等着领罪。中午时分,朝廷的命官来到军营,老将军急忙出迎跪接,口中连称"有罪,有罪"。不想,那官员笑呵呵地搀起老将军,说道:"老将军为修长城殚精竭虑,劳苦功高,当今皇上嘉奖您还来不及呢,何来罪过?"

老将军认为这是来人说的反话,惶恐地对命官说:"下官虽是有罪之身,还望大人莫加耻笑为好。"

来人一听,更加莫名其妙,口中连说:"岂敢,岂敢,老将军在这么短的时间里,完成了这么艰巨的工程,不是劳苦功高吗?本员哪敢耻笑于您。"

老将军随那人来到山脚下,沿着命官手指的方向往上望,只见烽火台高耸,城墙也十分坚固。再看脚下,石块、城砖等都消失得无影无踪了。老将军这才明白是白胡子老人帮了他的忙,敢情自己是遇到仙人了。

原来,那位老人是山神爷,他经过考验发现老将军为人忠厚、忠于职守,所以才来帮助他修这段长城。传说此段长城的棒槌楼就是用山神爷的打狗棒修建的。望京楼则是那个小女孩站在山顶上远望京城固化在那里的。

姊妹楼的传说

在古北口潮河西岸的长城根下,有一处奇特的长城双楼景观。北面的楼子较高,南面的楼子稍矮,两座楼子紧紧地连在一起,从远处看去就像两个美丽的少女挽着胳膊向东远望。这就是万里长城仅此一处的"姊妹楼"。

很早以前,古北口河西村住着一户姓马的财主,他有两个女儿，大女儿叫大雪，二女儿叫小雪。姐妹俩长得一模一样，如果不看个头，还真难分大小呢。

这天，姐妹俩从后花园出来绕到了万寿山上，刚走到山上的第一个凉亭处，就隐隐听见北面传出男子的哭泣声。姐妹俩很好奇，就来到山北坡下，见一位年轻男子坐在山崖上垂泪。大雪走上前去问道："这位大哥，为什么如此伤心？"男子便向姊妹俩诉说了苦衷。

原来，这位男青年名叫洪富，是福建人，随戚继光将军来到古北口修长城。戚继光命他为设计师，要求他把古北口长城设计得既新颖又壮观，特别还要随山势筑楼建堡。当他满心欢喜地把古北口彻底走了一遍后，心里却凉了大半截儿：古北口地形复杂，不是悬崖峭壁，就是沟沟坎坎。长城怎么修，城楼怎么建啊？他一时没了主意，急得在这里哭了起来。

姊妹俩听完了洪富的话，不由相视而笑。洪富不禁有些气恼，赌气地说："有什么好笑？"大雪说："瞧你这五尺高的男子汉，这点小事也值得如此伤心！"洪富叹道："你们哪里晓得，戚总兵对我十分信任，如果设计不好怎对得起他呢！"大雪问："你设计的最难处在哪里？"洪富用手指了指眼前说："这山，这水，怎么设计？"大雪稍加思索地说："何不让长城跨水而过，崖头建双楼，两边伸双须，东西各出头。"洪富听后豁然开朗，惊喜得跳了起来，连声说："好！好！多谢小姐指点。你们真是天下女子中的佼佼者。"姐妹俩笑着说："还是设计好长城吧，修好了长城别忘了我们姐妹俩啊。"洪富连连点头答道："一定，一定。"

当天晚上，洪富便把大雪姐妹俩的主意向戚继光如实做了汇报。戚继光非常高兴地说："为了感谢两位小姐，我们就把山崖上的双楼称为'姊妹楼'好了。"

不久，"姊妹楼"就屹立在了潮河西岸。凡是经过古北口的人，一眼便能看到这已成为古北口长城标志的亭亭玉立、相互依偎的姊妹俩。

水门关的传说

古北口长城的水门关，被称为万里长城建筑中的第一奇观。

姊妹楼雄立潮河畔

戚继光来古北口修长城前,这里是沙河套。潮河翻沙走石,滚滚而下。河套两边是两座高山,东为蟠龙山,西为卧虎山。修长城时,因河套宽,水流湍急,非常难修,再加上这里是南北往来的关口之地,就先在西修了姊妹楼,东修了五眼楼。

河套西边的长城修好后,金银早已用光。这时戚继光又下令修建水门关,并限期3个月修完。眼看日子一天天过去,限期也一天天临近,可修水门关的事,一点眉目也没有,监工只能继续把民工和兵士赶出去开山取石料。

这天晚上,监工独自一人转到河套边,眼瞧两边的高山,又看看满天的星斗,只有唉声叹气的份儿。

就在监工愁眉不展之际,一位胡须花白的老人骑着毛驴沿着河边走过来。眼见毛驴已走上了石板路,忽然毛驴打了个前失,把老人狠狠地颠了一下子,好多金子便从老人前襟里掉了出来。就在监工看得出神之际,老人和毛驴一下子不见了。

监工一见到这么多金子顿时红了眼,立刻跑到石板路上,抓起金子就往口袋里装,眼看所有的口袋都装满了,剩下的金子已无处可装,丢在这里又怕被别人捡走,他便把金子扒拉到了河里,并将河中的金子用石块埋起来,随后才揣着口袋离开。第二天,监工起了个大早,提着兜子,偷偷向河套奔来。谁料,这沙河套完全变了样,在他埋金子的地方,出现了一道雄伟的长城,沿河而过。监工不觉一惊,心知昨晚的老人是位仙人,是为民造福来了。想想自己私藏金子,追悔莫及。想到这儿,他马上跑回驻地去取金子。谁料,昨晚拿回的金子竟全部变成了石头。他将这些石头

20世纪初的古北口水关长城

全部拿到河套的长城底下,眨眼工夫,这些石头又变成了金子穿过河套,所过之处,顷刻冲出五道关门。从此,此段长城就被人们称作"水门关"。

蟠龙山的由来

蟠龙山,位于古北口潮河东岸,其既有长城之固,又有潮河之堑,地势险要,易守难攻,历代便是兵家必争之地。

关于它的由来,有一个神奇的传说。

那是在很久以前,潮河东岸的大山里住着一户人家,家里有一位年迈的老母亲和5个儿子。5个儿子分别叫作大龙、二龙、三龙、四龙、五龙。儿子们每天都在山里种地打柴，儿媳们在家里纺线、织布，日子过得倒也平安快乐。

有一天，天已很晚了，儿子们却没有回来。老人和儿媳们整夜不眠，只听到外面有大队人马跑来跑去的声音，时而夹杂着喊杀声、马嘶声和战鼓声。老母亲知道是敌人来进攻了，她实在放心不下儿子们，却又苦于不能出门，只能在心中暗暗祈求神灵保佑儿子们平安。外面的混乱一直持续了五天五夜，才逐渐静了下来。

这时，老母亲带着儿媳们颤颤巍巍地来到外面一看，只见处处是敌人的尸体和血迹，不仅地面上有，就连野草、泉水都被鲜血染红了。老母亲呼喊着儿子们的名字，却没有回应；老母亲和儿媳们一连找了几天，都没有儿子们的身影。她只能拄着拐杖立在门口，天天盼着儿子们归来。也不知过了多少天，不觉中，一位白发老人来到她面前，对着老母亲说："老人家，你找到儿子了吗？"

"没有！"老母亲嗓音嘶哑地回答。

"他们不都在你的面前吗？"

"在哪里？我怎么看不见。"老母亲焦急地询问。

"你那五条龙儿不是都对着你，朝你微笑吗！"白发老人亲切地指点给老人看。

顺着白发老人的手指望去，只见五道山岭盘旋在四周，每道山岭的山峰都对着老母亲的家门口。

蟠龙山就是这样来的。

卧虎山的传说

古北口潮河西岸有一座高山,名为卧虎山。卧虎山像威风凛凛的猛虎,守卫着古北口。传说,卧虎山是猛虎的化身,还显过灵呢。

那是日本鬼子侵占热河的那一年,一个偷袭古北口的计划已经制定,可古北口的守军和老百姓还不知道。

话说古北口街东头有一家小饭馆,开饭馆的是一对无儿无女的老两口。他俩一个摊煎饼,一个磨豆腐,这两样东西又实惠,价又廉,很受欢迎。加之老两口心肠又好,见到谁有困难都尽力帮助,所以人缘特别好。

一天早上,老大爷刚一推开屋门,就见到不远处趴着一只斑斓猛虎,虎头巨大,身体健壮,足有三四百斤。他吓出了一身冷汗,急忙关上了门。

老大娘听后呵呵一笑,心想老头子一定看花眼了,就好奇地顺着门缝往外瞧,结果看到的是一个小伙子,正瘫倒在地上。

老两口急忙推开门,把小伙子搀进屋,让他躺在炕上。老大娘端了碗水给小伙子灌下去。小伙子有气无力地说:"大娘,您真好。您能给我点儿吃的吗?我都好几天没吃饭了。"

老大爷急忙答道:"行,行,行!我刚好摊了煎饼,还有新

古北口卧虎山

磨好的豆腐,正要开门迎客呢。"小伙子不好意思地说:"可我身无分文啊。"老大爷微微一笑,吩咐老大娘去拿吃的。很快,老大娘就端来了十几张煎饼、几块豆腐,让小伙子趁热吃。

小伙子真是饿坏了,接过东西一通狼吞虎咽,转眼间煎饼和豆腐便入了肚。看见小伙子没吃饱的样子,老大娘又端来一大盘子煎饼和豆腐。转眼间,小伙子又风卷残云般吃了个精光。望着小伙子还没吃饱的样子,老大爷说:"干脆你把煎饼和豆腐全拿来,让小伙子吃多少算多少。"不想,小伙子饭量如海,几十张煎饼,一屉豆腐竟全部吞下,半点也没剩。

人是铁饭是钢。小伙子一堆东西下肚,精神头立即上来。临走时,他什么话也没说,只是跪在地上给两位老人"咚咚咚"磕了三个响头,然后转身离去,连姓名也没留。

老两口帮人帮惯了,小伙子把老人一天卖的吃食都吃光了,可老两口并没在意。

过了些日子,关外的日本鬼子杀向古北口的消息传得沸沸扬扬,闹得人心惶惶。老两口无心做买卖,每天早睡晚起,夜里躺在炕上聊闲天。

这天夜里,窗外忽然闪过一个人影,接着便传来敲门声:"大爷,大娘,是我,就是吃光了你们煎饼、豆腐的小伙子。"老两口也听出了小伙子的声音,急忙打开屋门。

小伙子冲进门,来不及坐下就开口说道:"大爷,大娘,我本是卧虎山上的神虎,奉命来守护古北口。今夜我特来告诉二老,日本鬼子明早要来,他们杀人放火,无恶不作。你们一定要在今天夜里把消息通知到全村百姓,让大家都躲到卧虎山山坳里去,那就是我的怀抱,有我的保护,鬼子不敢来。"话刚说完,小伙子一转身,健步蹿出门去,消失在夜幕中。

听到消息后,全村人连夜爬上卧虎山,躲进小伙子说的那个山坳里。

第二天,天还未亮,山下就传来了密集的枪声。一会儿,村里冒出了滚滚浓烟。就在此刻,卧虎山上一声雷吼,一只斑斓猛虎呼啸着冲下山去,威风凛凛地扑向日本鬼子。猛虎带起阵阵风声,刮得日本鬼子睁不开眼睛,火势更猛了,直烧得鬼子哇哇乱叫。

日本鬼子身上的手榴弹也被引燃了,自己人被炸死了许多。就这样,鬼子的首次偷袭,就这样惨败。至今,从古北口河西村向南望,还能看见当年乡亲们藏身的那个山坳呢。

"一捧雪"玉杯传奇

据《明史》和《张汉儒疏稿》记载,"一捧雪"为明代著名玉杯,为不让当时的权臣严嵩将玉杯据为己有,"一捧雪"的收藏者莫怀古弃官改姓隐居他乡,随后,"一捧雪"在嘉靖年间失踪。关于"一捧雪"玉杯的传说,只能从明末清初剧作家李玉的作品中窥知一二,在《红楼梦》里,"大观园论诗才"和"元妃省亲"等章回中,多次提到"一捧雪"玉杯。

离古北口潮河关西沟不远,有个地名叫"破城子",这里荒草丛生,伴着几处墙基和残墙,在四周群山掩映下,更显空寂荒凉。可谁曾料想,"一捧雪"玉杯的传奇故事便发生在这里。

破城子原名"怀古城",是明代著名关口"七寨关"的关城。明朝嘉靖年间,朝廷命武将、镇边侯莫怀古带兵坐镇关城,镇守此关。有一次,莫怀古经过迁安县,在县城中结识了多才多艺的卖字书生汤勤,便将他带回怀古城,让其协助内外事宜。汤勤由于精明强干,颇得莫怀古信任。

莫家有一只名为"一捧雪"的玉杯,此杯雕琢精美,巧夺天工,杯身呈五瓣梅花形,杯底中心有梅花的花蕊,杯身外部攀缠一株疏影横斜的干枝梅,枝上琢雕有17朵大小不等凝脂般梅花,杯似众星托月,花犹暗香浮动,杯身右侧花枝分生两杈,与杯的顶、底部有机关衔接，中呈椭圆，可伸进食指，自然天成杯的把柄，恰到好处，鬼斧神工，令人叹绝。特别是当玉杯斟上酒后，由于酒液波动，折射杯底梅花花蕊，隐约透人，给人一种"酒入玉杯，有雪花飘飘"之感。每当莫、汤两人高兴之余，莫怀古便将"一捧雪"玉杯拿出把玩，欣赏完后再珍藏起来。

汤勤在莫府多年，渐渐贪恋上了莫怀古之妾雪艳，虽经多次调戏，却未能如愿。久之，此事逐渐被莫怀古发觉，便将汤勤推荐给了权倾一时的奸臣严嵩。到严府后，汤勤仍思谋雪艳，便撺掇严嵩向莫家索取家藏古玉杯"一捧雪"。莫怀古以赝品献给严嵩。严嵩得到古玉杯后，不知是假，非常高兴，并升莫怀古为太常。但汤勤认得杯的真假，将真相告之严嵩。严嵩非常愤怒，命

京剧《审头刺汤》剧照

大理寺正卿陆炳来莫府搜取真杯。陆炳是莫怀古的好友，对其遭遇深表同情。但又惹不起严家，正在为难之际，家人莫成挺身而出，表示莫大人曾有恩于己，愿替莫大人一死。莫怀古弃官逃走，他逃离的那条山沟至今还在，被当地百姓称为"逃脱沟"。

莫成被杀后，严嵩派汤勤来监视陆炳，但是汤来的真正目的是得到雪艳。当他发现莫怀古的人头是假的后，便和陆炳在大堂上展开了争辩。双方辩论得难解难分，不分高下。后陆由雪艳暗示，看破汤意在得雪，乃佯装雪艳断与汤勤为妾，汤乃不究。洞房中雪艳刺死汤勤，报仇后自刎。

受过莫怀古恩惠的两个人，形成鲜明的对照，一个是汤勤，恩将仇报，终遭恶报；另一个是莫成，知恩图报，为恩人献身。由于这个故事给人的启迪太深刻了，后人将这个故事编成了京剧，名为《审头刺汤》，马连良先生前饰莫成，后扮陆炳，萧长华先生扮演汤勤，将一个奸佞小人的神态演得活灵活现。马先生扮演的陆炳，正气凛然，表面上既不敢得罪这个势利小人，一口一声"汤老爷"，言语中又绵里藏针，戏弄汤勤。身为管家的汤勤，见大理寺正卿称他为"汤老爷"，心中受宠若惊，在舞台上丑态百出。马先生扮演的陆炳，在剧中的大段念白，抑扬顿挫，畅快淋漓，掷地有声。每次演出，总能赢得热烈的掌声。

关于玉杯的传说，明末清初戏剧家李玉写有传奇《一捧雪》。李玉，江苏吴县人，崇祯末年中乡评副榜，明亡后专事剧本创作。作品有传奇40余种。传奇《一捧雪》在传说的基础上，情节更为曲折复杂，扣人心弦，后来京剧、徽剧、晋剧、汉剧、豫剧、曲剧等取材于李玉的《一捧雪》，上演有《温凉盏》《审头刺汤》《莫成替主》《搜杯代戮》《蓟州城》等戏曲传统剧目。

后来，人们为了怀念莫怀古，便把他曾经镇守过的"七寨关"称作"怀古城"。当年，莫怀古为保住玉杯"一捧雪"，不惜丢官、弃家、舍妾，几经辗转来到中原，将莫姓改为李姓，隐蔽落户。如今在河南省新野县的莫李家，还珍藏着这件制作精巧、玲珑剔透的古代玉杯"一捧雪"，收藏者李占元称其家族为莫怀古的后代，玉杯从明代珍藏至今，已传16世400多年。

2001年国家邮政总局发行的一套6枚《京剧丑角》邮票，其中第一枚文丑汤勤，便是京剧《审头刺汤》中的人物。

小小玉杯，它那坎坷、曲折、悲壮的经历，令人惊叹不已。

杨家将抗日

杨家将的故事，历来脍炙人口。由于杨令公祠建在古北口，有关杨家将的传说与故事更是久传不衰。

那是在1933年，长城抗战烽火燃起，作为主战场的古北口更是战火不熄。日军数万步、骑兵在飞机、坦克、大炮等重武器的掩护下，步步向古北口逼近。而这里的中国守军，只有5000多人，几门迫击炮，根本不是敌人的对手，形势万分危急。

可日军刚一逼近古北口，却见中国军队漫山遍野，尤其是那飘着"杨"字的大旗，插满长城敌楼，与长城交相辉映，更显凛凛威风。日军军官急忙用望远镜向山野和长城细看，却见有许多披挂整齐的女兵，更有众多男女将官指挥兵士作战。那大捆大捆的箭支，被兵士们搬上山巅，搬上长城，一抱一抱地分发到每位兵士手中，很快这些箭就全部准确地落到了日军身上，兵士又将箭支源源不断地送上来。将士们高昂的士气，让日军相形见绌。即使在夜里，长城之上也遍是灯笼火把，照如白昼。无奈之下，日军只得对准山上、长城间用飞机投弹轰炸，可炸弹却总是失准儿；用炮轰击，那炮弹却不知落到了什么地方；往长城上用枪远射，长城上的战士，一个受伤的也没有；向长城发起冲锋，还没冲到长城脚下，便一个个中箭身亡。几个回合下来，日军死伤无数。指挥作战的日军军官，把中箭日军身上的箭支拔下来细看，上面都隐约有个"杨"字。日军排着队，端着枪，弓着腰，一层接一层，一片接一片，像波浪一样向长城攻来。一时间，弹片纷飞，硝烟弥漫。但长城之上的战士，一次次拉满弓弦。那射出的箭像暴风骤雨，遮天蔽日，飞向敌群，日军顿时尸横遍野。偶尔也有部分敌人在重炮掩护下，攻进了长城，立刻就有几位男女将士，手执刀枪杀来，还没等敌人辨出方向，就被砍得人仰马翻，跌下长城。

那段时间，令公祠的住持们整日整夜不得休息，因为他们总是听到院子里有无数人进进出出、刀枪相互碰撞的声音，甚至还能听到清脆的马蹄声。因为兵荒马乱的年代，令公祠的大门、角门都被关得紧紧的，但是时间不长，大门、角门和前、后殿的门窗却总是自动打开，让人颇感惊奇。

古北口令公祠内杨令公塑像

一天上午，当地百姓进令公祠烧香祭祀时，发现杨令公的坐骑通身是汗，杨六郎的枪尖上血痕斑斑，穆桂英的绣花鞋缺了一段鞋尖，佘太君的龙须拐杖掉了一根长的龙须，杨排风的"烧火棍"被燎黑了棍头。人们这才恍然大悟，是杨家将大显神通，打退了日本鬼子。这神奇的传说，久传不衰，充分表达了百姓们对杨家将忠贞报国精神的无比敬仰。

民风民俗

严关非汉月非秦,村落云连古戍堙。
紫塞漫传重险地,青山长住太平人。
涧泉涨后声犹壮,农户丰时俗尽醇。
边草边花承辇道,欣将膏露洒清尘。
　　——清·沈起元《出古北口》

岁月留痕，风土寄情。古北口，一方古老而又年轻的土地，她从远古文明中走来，栉沐着沧桑变幻的历史风云；古北口又是现代的，其画檐雕栏、桨声灯影，皆是古文化袅袅至今的淡淡烟雨。

于是，在这种情境中，我们走进了古北口的民俗风情。

庙　会

由于古北口特殊的地理位置，庙宇众多，庙会自然也多，最有名的当属福峰山的娘娘庙会。

在古北口南关村西北面，是一片起伏的山地，其中一座馒头状的小山，称为福峰山。相传，赵公明（传说中的财神之一）的三妹琼霄娘娘看中了福峰山，有缘千里来施善。娘娘庙自清朝康熙年间建成后，便成为当地人极为信仰之所，每年农历四月十八娘娘诞辰之日，都有很多人前来敬香、许愿、还愿，遂成庙会定制。

每逢庙会期间，这里商贾云集，应有尽有。确实，作为民间市场，古北口娘娘庙会上货物多、品种全，贵重的有金玉绸缎，廉价的有粗碗废铁，高雅的有字画图书，日用的有风味小吃、布帛菽粟、虫鸟花草，还有风车、面人、窗花、空竹等土特产品。正所谓"珠玉云屯，锦绣山积，器用杂物，无不毕具"。庙会的优势就在于杂而全，吃的、穿的、用的，什么都有，咫尺之间，万物皆备。虽无如今超级市场的豪华、整洁，却也品种齐全、琳

古北口娘娘庙

琅满目，可以满足人们的多种需求。

　　古代没有公园、电影院，戏楼也很少，且入场价格昂贵，穷人进不去。而庙会上摊棚栉比，百戏竞陈，各种杂技、武术、曲艺、游耍、戏剧以至西洋镜、拉洋片，无奇不有。民间艺人登场献艺，老百姓花一点小钱，甚至不花钱就可以欣赏他们的节目，让你看不尽、逛不够、听不厌、玩不腻，怎不令乡民沉醉不知归路？

　　老百姓其实只信一个神，那就是"幸福"，无论拜佛求道，问鬼询神，都为此二字。所以，对于大多数百姓来说，是佛道不分的，他们搞不清关老爷是道教的还是佛教的，也弄不清楚送子观音是男是女，对着老子念佛祖保佑是否妥当，反正只要有可能给自己带来现实利益的，都可以拜，可以敬。和各地一样，在古北口地区百姓的信仰中，不只佛、道，更多的是大大小小的地方神，少不了药王、瘟神、土地爷、龙王等，都成了可以给百姓带来幸福的神，因之，大大小小的庙会遍布古北口小镇，受百姓们的香火膜拜。难怪古北口百姓说："当年，在这里，时间不是以一月、二月、三月来依次计算的，而是以令公庙会、财神庙会、火神庙会等数不胜数的庙会顺序来计算的。"

药王庙会

每年农历四月二十八，是药王庙会日。自四月二十五日开始，会期一般为5天，有时延长至7天。因药王庙外面积比较狭窄，故此庙会只唱戏，不上花会。古北口南北大街、南上街、东西横街两侧，满是做买卖的席棚、布帐，所卖的有布匹、衣服、日用百货、药品、食品、儿童玩具、农具等，真可谓琳琅满目，令人应接不暇。来自四邻八乡的赶庙会人，填街塞巷，好不热闹。

令公庙会

每年农历九月十四为庙会日，唱戏5天以示隆重。届时将令公塑像前一尊一尺多高的小令公像抬到关帝庙的神龛上，面对戏楼接受膜拜。时值秋收之后，四乡农民正需冬衣及其他越冬用品，所以庙会期间，古北口大街人山人海，买卖兴隆。

火神庙会

每年正月十五是火神庙会。届时就要在潮河东岸搭"火神棚"3间,将火神庙里火神架上的火神小型塑像抬到"火神棚",对面搭台唱戏,唱戏3天。白日唱戏,晚上耍龙灯、踩高跷。各式各样的花灯五彩缤纷,光耀映天。此情此景,不由会使人想起辛弃疾咏元宵灯节的名词《青玉案》:"东风夜放花千树,更吹落,星如雨。宝马雕车香满路,凤箫声动,玉壶光转,一夜鱼龙舞。"

财神庙会

每年正月十七,是财神的生日。火神庙会之后,戏班子马上挪到财神庙,唱戏4天,接着在土地祠唱戏2天至3天。这样,6天至7天大戏,映衬得庙会好不热闹。

此外,古北口还有城隍庙会、天齐庙会、玉皇庙会、瘟神庙会、关帝庙会、太阳庙会、龙王庙会等等。也难怪,旧社会动荡不安,百姓生活朝不保夕,只得祈求菩萨保佑,趋吉避凶,免灾治病,找一点精神寄托,因此,庙会之盛也成了很自然的事。

民间花会

古北口是著名的花会之乡。早在元朝时期,古北口就已出现花会,清代更盛,曾得到过乾隆皇帝赐给的"杠箱",慈禧太后还曾拨给过"脂粉钱",古北口的花会也因此以"皇会"著称。

古北口的花会,尤以"福缘善会"和"龙福老会"最有名。

福缘善会

此会是清代沿袭下来的颇有盛名的"皇会",其名称据说缘于古北口南关福峰山的娘娘庙,自福峰山的"福"字及对娘娘庙的敬仰而得名。

福缘善会主要流行于古北口河东、河西、杨庄子、潮河关一带,共分18档,档档精彩。

一档,狮子会。一对大铜锣开道,两头大狮子和多对小狮子舞蹈跳跃。

二档,中幡。两根七八米高的竹竿上挂满了彩幡,多名耍幡者表演各式各样的技巧,四面样幡做陪衬。

三档,蝴蝶会。由7名化装成蝴蝶的儿童,手持蝴蝶花,站在7名壮年男子肩上表演各种蝴蝶飞舞姿态。

四档，吵子。主要用于配合蝴蝶会演奏，有钹、唢呐、锣鼓等，演奏各种曲牌。

五档，迓鼓。迓，是迎接的意思。迓鼓本是流传于山西阳泉的一种古老民间艺术，据说宋太祖战高平，久攻不破，制迓鼓鼓舞士气而克之，后流传各地。福缘善会上的迓鼓由8面大鼓组成，鼓手敲得惊天动地。

六档，高跷。一般由14人组成，人物基本是固定的和尚、挑逗、公子、老作子（青年妇女）、渔翁、渔婆、青蛇、白蛇等，众演员边走边演。

七档，旱船。两名男青年扮成两个娇羞少女，各盘坐一条船，两只"金莲儿"（小脚）在裙下半掩半露，另有两个船夫撑船。由于小船实际上是由坐船人背在身上的，所以才有了"坐了一天船，撵了两脚泡"的说法。

八档，凤秧歌。4名男童扮成古装少女，两名敲腰鼓，两名敲铜镟儿，唱凤秧歌。

九档，地排子。8名男生扮演类似高跷会的人物，但不登高跷，徒步表演。

十档，大头和尚逗柳翠。用套头模型扮两个和尚和两名少女，相互挑逗，风趣幽默。

十一档，老汉背少妻，和尚背尼姑。两名男青年，一人上身扮少妻，下身扮老汉，胸挂老汉上半身模型，后背少妻下半身模型；一人上身扮尼姑，下身扮和尚，胸挂和尚上半身模型，后背尼姑下半身模型。实际上是一人表演两人的戏。

十二档，竹马。5个都督，5个马童。另外，有两人化装成蒙古人，骑大骆驼，此二人负责打场。5个马童绕场两周后，做翻跟头、飞脚、旋子、前空翻等技巧动作，分别接出5个都督唱曲。

十三档，皇杠箱。相传是清朝乾隆皇帝所添设，两个木箱上插满黄旗，下拴有绷簧，一头系有木疙瘩，由两个壮士抬箱，木疙瘩随着箱颤敲击杠箱发出"杠当、杠当"的声音。

十四档，少林会。各类型武士，身着彩色软靠，持枪舞蹈，挥鞭耍棍，表演武打。

十五档，十不闲。分别由3人扮演先生、丑婆、老汉。先生、丑婆扭、唱、逗，老汉敲打乐器，见景生情，随编随唱。

十六档，音乐。以笙、管、笛、箫等乐器为主。

十七档，号佛。娘娘前面有两行还愿的道童，时而诵经，时而跪拜。

十八档，杠上官。两面御赐的飞虎旗开道，后跟手持旗、锣、伞、盖及"肃静、回避"牌的执事衙役。4个衙役轮流抬一根竹杠，杠上官斜跨杠上，为丑脸，手执折扇，身背圣旨。

在18档中，唯杠上官最为特殊，他可在整个花会前后任意往返，维持秩序。走会期间，杠上官权力最大，到了各衙门，都敬为上宾，如稍有怠慢，便以藐视皇差论处。会后，会首一般会带杠上官到衙门请罪。清朝末年，一位蒙古族姑娘，来古北口娘娘庙敬香，一个恶徒弟见姑娘长得漂亮，乘黑夜将姑娘抢走。杠上官闻知后，派"少林会"会众20人，各持兵器前去追拿，擒获恶徒后，绑在古北口校军场演武厅木桩子上，杠上官发令：就地正法。斩下人头放在木笼子里示众。事后，杠上官一纸呈文报本地提督，此案即算了结。

福缘善会以每年先于农历四月十三、十六在河东、河西踩街两天，后于四月十八在娘娘庙走会。

每逢走会，早晨4点钟左右就要起来化妆做准备，当听到村头第一声炮响后，立即开始穿服装、戴行头、绑腿子；第二声炮响，各档花会便要到村西三官庙前集合；第三声炮响，会旗招展，鼓乐齐鸣，长达两公里的18档花会开始出会。

花会未到娘娘庙前，各档都要依次"朝顶"，即边敬香、边唱、边表演。花会高手们此时可大显身手，施展技能。待"朝顶"归来，又要沿街落档，各衙署、商号及大户人家门前摆香设供。各档会的表演要进行一整天，从天蒙蒙亮直到晚上掌灯时分才算正式结束。

龙福老会

此会是具有悠久历史的民间花会，是因求雨仪轨，酬谢龙王而设，其主要目的是以隆重的礼神仪轨希冀龙神佑护，赐降甘霖，保佑乡民的庄稼萌发生长，获得好收成。同时，龙福老会也是乡民娱乐的文艺形式，每年正月十五元宵节，二月二祭太阳神，三月三天旱求雨，四月十八娘娘庙会，四月二十八药王庙会，六月二十四老爷庙会，九月十四令公庙会，龙福老会都要前往表演。

龙福老会包括11个会档，主要由北甸子村、汤河村、北台子村、车道峪村、井儿峪村会众组成。庙会举办时聚合为一个整体，参加庙会祭祀仪式和表演，既酬神也娱人。

11档花会异彩纷呈，各具特色，在北京民间文化遗产中具有很高价值。

一档，号佛会。旧时花会的主要职能是祭拜神灵，借神灵予以佑护来抒发人们礼敬的赤诚之心，庙会上需要对神灵加以歌赞，号佛会即担当这一职责，用声腔玄奥、颇有力度的固定唱词颂赞龙王、关帝、玉皇、娘娘以及诸神佛，并以乐曲伴奏，同时燃点香烛，焚化纸马，以表虔诚之心。

二档，笙管吹奏乐班。以笙、管、笛、云锣、小镲、扁鼓等乐器，吹奏《柳公烟》《焚火赞》等数十首敬神曲牌，在花会进行时演奏，到庙堂时也有固定的敬神曲牌，曲调优柔悦耳。

三档，五虎棍。由7个武打装束人物表演的棍术，表现赵匡胤过董家桥遇董家"五虎"拦路，郑恩相助打败"五虎"的故事。表演中，场上你来我往，棍棒翻飞，噼啪作响，场面热烈火爆。

四档，吵子会。用四铙、四钹、旋子、海笛（小号唢呐）等乐器演奏《大叶黄》《小叶黄》《连枝串》《得胜令》等曲目，连吹带打，颇为雄壮。

五档，秧歌会。即由12个角色组成的高跷秧歌会。角色有卖药先生、陀头、公子、老坐子、渔翁、渔婆、樵夫、小二哥，打鼓男子2位、打锣女子2位，共计12个角色，唱词丰富，载歌载舞。

六档，中幡。为1面耍幡和4面扬幡。耍幡为一根5米左右的竹竿上挂着彩幡和铃铛。耍幡的人一会儿用胳膊托中幡，一会儿用头顶中幡，一会儿用牙咬住中幡。有的还把中幡抛起，再用头接住，再回头一挺被第二人用头接住，一连十几个人抛接，中幡直立不倒。

七档，十不闲。最初称为天平会，又称十不闲莲花落。有角色十余人，用一天平架子缚锣鼓等乐器伴奏。男女角色演唱各种曲调唱词，有歌有舞，热烈欢快。

八档，迓鼓。有大鼓20面，每个鼓有40多斤重，鼓带斜挎肩头，边走边击鼓，鼓声隆隆，震天动地。

九档，少林会。主要演练各种武术器械和拳术，由数十人扮成各类武士，身穿各色软靠，手持各类兵器，表演单刀、双刀、九节鞭、梅花枪、青龙剑、七星拳、八艺拳等，多以少林武术为名目相号召。

十档，狮子会。一般由两头大狮子和一对小狮子进行表演。有的还有一壮士抛彩球引路，叫狮子滚绣球。大狮子由2人扮装，小狮子由1人扮装。表演时，一对铜锣开道，两个瓮筒仰天高吹，两大、两小4头狮子随之舞蹈。民国年间，古北口狮子会多次在丫髻山悬崖上表演"狮子探海"，被誉为"京东一绝"。

十一档，龙王驾。古北口乡民一般都在农历三月初三于西龙潭求雨，以此驾抬龙王出行，故称龙王驾。驾前后仪仗、乐队、花会队列一应俱全。

百家姓村

2007年秋天,河西村小学准备施工,施工队长坐在村委会办公室,无意中扫了一眼墙上挂着的部分村民名单。他数了一下,发现至少有数十个不重复的姓氏。由此引起了镇里的重视,进行了一次统计:村中一共有130个姓氏。

有记者便开始写文章对此予以报道,称河西村为"百家姓村",随后有多位专家到过村里,认定它是中国北方姓氏最多的村庄。笔者也在网上查了一下,全国有名的几个百家姓村,温州龙湾区海滨小村有83个姓氏,温州龙湾区宁村有87个姓氏,天津东升村姓氏最多,有116个姓氏。所以,拥有130个姓氏的古北口河西村不仅在中国北方姓氏最多,在全国堪称罕见。

中国著名的姓氏研究专家王大良教授,曾对全国的百家姓村进行过专门研究,并来过河西村考查。据他介绍,现在能够找到的百家姓村,大多数形成的年代较晚,基本也就是五六十年前的事情。而根据史料记载,两千多年前,河西村就已形成村镇,根据以往的研究,那些有千年历史的村落,很多都是由几个大的姓氏家族组成,并祖祖辈辈传下来,所以姓氏比较单一。像河西村这样历史悠久,还能有一百多个姓氏聚居的村落,确实很少见。

据史料记载,河西村始建于西汉,为最早的㹽奚县县城所在地，后逐渐演变为村落。当时，犀奚县属渔阳郡，为汉与匈奴交界地区，西汉在此驻有军队。在西汉元光至元朔年间，这里曾多次发生匈奴与汉族之间的战争。由此推测，河西村的原住民当源于当时的驻军。

辽金时期，密云地区未归属中原统治者。辽代，有大量的契丹人、渤海人、奚人等迁居密云地区。金代，密云地区出现大量孟安谋克户。孟安谋克制是以女真人为主要成分的一种重要军事制度，是女真人进行军事编制和户籍民政管理的基本单位。在占据中原大片土地后，女真贵族即迁移孟安谋克军户"散居汉地"，"与百姓杂处,计其户口。"其中,大量孟安谋克户迁移至密云地区，由此推断，河西村的姓氏当有部分源于女真的孟安谋克户。

明代，密云地区作为边关重镇，古北口为当时蓟镇西协四路之一,此地驻有大量军队,在河西村姓氏中当有明代戍边将士后裔。

清代，康熙三十二年（1693年）在河西村设总兵，雍正元年（1723年）建提督府，这里成为古北口镇军事、政治中心。特别是提督马进良，从甘肃、青海一带带兵至此，他的士兵后多留在此。河西村的马、哈等姓氏就是这些士卒的后代。村里共有7个民族，如满族、蒙古族、回族，基本上都是驻军后裔。他们的姓氏包括关姓（满姓瓜尔加氏）、那姓（满姓叶赫那拉氏）等。

以上可见，河西村姓氏主要来源之一，就是源自历史上当地的驻军。

河西村作为古北口镇的军事、政治中心，也带动了经济的繁荣，一时间商贾云集，商号林立，这也成为河西村百家姓氏的重要来源。因为这里商贸发达,很多人便千里迢迢来到这里做生意、开商号。村民金玉民告诉我们说,他们家就是清朝乾隆年间从山东来村里的,如今已经历多代,还有赵姓、李姓都是那个时代从河北、山西等省份迁来的。

在河西村130个姓氏中,王、李、刘几个姓氏,多是同姓不同族,也就是说即使是同一个姓氏,大家也是来自五湖四海。

村里的苗族、朝鲜族、蒙古族和裕固族姓氏,都各只有一名女性。她们是几十年来,陆续从贵州、东北、内蒙古和青海等地嫁到村里的。

移民、商贾、驻军、婚嫁,促成了河西村众多姓氏的聚集。

附一:河西村民族

汉族　蒙古族　朝鲜族　裕固族　回族　满族　苗族

附二:河西村的姓氏

张、王、李、赵、金、谢、尚、马、袁、魏、曹、索、刘、杨、朱、凡、哈、郭、攀、徐、许、卢、翰、鲍、范、柴、陈、龚、冯、隋、高、康、郝、田、苗、周、郑、纪、蒲、关、姜、姚、耿、娄、温、祝、宗、胡、石、贾、桑、谭、段、丁、祁、鲁、任、何、宋、林、师、薛、穆、付、梁、钱、武、毕、学、苏、将、邢、汤、白、缪、沈、毛、文、蒙、辞、董、史、葛、吕、阎、彭、蔡、余、于、靳、包、庄、齐、秦、常、步、焦、孟、万、黄、艾、那、海、翁、曾、唐、雷、吴、孙、程、管、乔、姬、牛、代、廉、桐、谷、褚、岳、顾、霍、菅、尤、敖、巴、侯、杜、訾

"老话儿"语言

古北口虽然地域面积不大,但历史悠久,官兵及商人的更迭和往来频繁,形成了它较为独特的"老话儿"语言体系,我们不妨走近这些"老话儿"。

方言土语中的"老话儿"

随着时间的推移,在古北口里好些方言土语经过人们的口口相传,久而久之就形成了这里的老话儿。下面,我们原汁原味"摘录"一段乡民之间的对话:

甲:"例儿个(昨天)您干啥去了,我上家去瞧您,您不在家。"

乙:"咳,别提了,我例儿个一午更(清早)就出去了,连晌午(中午)带后晌(晚上)都没着闲儿,眼看快年下(春节)了,二子他们几个也不干正经事儿,天天比打胡混儿(混日子),给他们几个找点活儿干,谁成想,二子刺不溜荒(说话刺头)不领情。"

甲:"这几个小子长得疙瘩噜苏(不光滑),穿得埋里埋汰(不干净),都快成要饭花子(乞丐)了还充大尾巴蛆(本事大),您瞧吧,这几个天天干饥荒(打架)早晚得给他爸他妈丢碜(丢脸面)。"

乙:"那可不。"

简短的一段人物对话，充分说明古北口地区丰富的方言土语，这些方言土语在这里流传了数千年，自然形成了人们的口头语。

民谣里的"老话儿"

这实在是一个十分有趣的现象，越是下里巴人的"低幼文学"，越是浸淫着丰富的民俗文化素材。就拿古北口来说，这里文化人多，说出话来一套一套的，俗中蕴深意。

中华人民共和国成立前，古北口河西村有位张四爷，家里特别穷，吃上顿没下顿，每到春天自个儿扛上铁镐到长城外边的小高楼子一带刨点山坡地，种上点麦子、荞麦、高粱等农作物。有一年赶上干旱，啥收成都没有，村里的人给张四爷编了一段："瞎张四儿，瞎张四儿，边墙外头种点地儿，喝稀粥，掉眼泪儿，你说有趣儿没有趣儿。"类似的还有"河东唱戏不费吹灰之力，河西唱戏大伙商议，潮关唱戏典房子卖地""大水过了小石碑儿，河西早晚要出飞儿"等。

1933年长城抗战爆发之后，日本鬼子占领了古北口，老百姓愤愤不平，柳林营里的李二爷即兴编了一段："小日本，心不公，一心要把中国争，黎民百姓有灾星，失了河西失河东，气得百姓喊爹喊娘骂祖宗。"

这些"老话儿"，是顺口溜也好，叫民谣也罢，都深受村里大小孩娃喜爱。

歇后语中的"老话儿"

当你漫步在古北口的大街小巷时，经常可以听到独具特色的歇后语，这些歇后语往往都来源于生活中的"精彩典故"。

在清朝咸丰年间，河西村西栅子驻军有个头目叫蔡花亭，多次到举人段八爷家索要钱财，时间久了，段八爷就不再给了。段八爷有个闺女长得十分漂亮，有一年染病身亡，被下葬到卧虎山下的祖坟。蔡花亭知道段女病逝后，觉得段家肯定会随葬不少值钱的东西，便起歹心，夜幕之下，他扒坟盗墓，取走了财宝，还对段女奸尸。好心人看到了惨状后告诉了段八爷，段八爷气急之下，把状告到了慈禧老佛爷那里，不成想老佛爷非常重视，便下令捉拿蔡花亭，经提督府会审后，把蔡花亭拉到潮河岸边活活挖心而死。段八爷用篮子装上蔡花亭的心拿到女儿坟前祭奠，后来据说来了一只狗把蔡花亭的心给吃了。这就是在柳林营内大人小孩都会说的一句老话儿歇后语："段八爷挎篮——盛（成）心。"后来人们把这句歇后语用在生活用语之中，比如孩子做了让家长不满意的事儿，大人就会说一句：你是段八爷挎篮—盛（成）心。

在河西村还有一句歇后语"关校长摆船——下梢了"。说的是过去古北口潮河没有桥，夏天要用船摆渡。20世纪50年代初期的一天，区里通知老师去古北口开会，正赶中午，摆船的都回家吃晌午饭去了，会议又急，没办法，河西小学关校长解开船缆绳，把老师摆渡过河，因关校长从来没摸过船，当时又水深浪急，船行走在河中时被浪激冲下梢了，正当关校长和老师危难之时,来了几位壮汉把船拉住了,人们把校长和老师救上岸后,一位长者风趣地逗关校长说:"这个真是关校长摆船——下梢了。"以后人们总把办事没有尺度的人爱开玩笑说成:"关校长摆船——下梢了。"

趣话古语"露八分"

古北口还流传着一种古老的语言形式——露八分。这种语言据说源自明清时期,既可以在生活中使用,同时又是一种诙谐的文字游戏。然而现在,全镇只有十几位老人还会使用。"慌里慌,你干啥去?""找高高在去医院,看锯齿獠。""中午吃什么呀?""鸡啄碎。"这是古北口镇河西村一段古怪的对话,对话双方是两位年过六旬的老人。

这种听起来让人一头雾水的语言叫"露八分",就是把一个四字成语或短语隐去最后一个字,那隐去的字才是真正想表达的意思。"四个字说出三个,省略一个,不是露出了八分吗。"说一个姓张的人就叫"慌里慌",隐去了那个张字。姓尚就是高高在,隐了上(尚)字。隐去的字可以音同字不同。开头那段话翻译过来,就是"老张,你干什么去?""找老尚去医院看牙。""中午吃什么呀?""米饭。"

河西村村民说,"露八分"在抗日战争时期还派上过用场,让经过古北口的商人"脱险"。当时不少伪警察在山路上设卡盘查过往客商,雁过拔毛。一次,走在前面的商人碰上了伪警察,便高声喊:"我是慌里慌,有游山逛!"伪警察不知何意,后面的人都明白了。"游山逛景——有警察呀。"大家都改道了。

露八分大概出现在明清时期,因为古北口是边关,"北捍朔漠,南通幽燕",明清时期它是重要的商品集散地,繁盛时期商贾云集,商号林立。当时商业交流频繁,商贩在做买卖时流行一种只有买卖双方才能听得懂的暗语,第三方不知所云,逐渐演变成现在的人们茶余饭后的闲谈。

特色小吃

古北口的特色小吃有几十种,比较出名的就有北口面茶、白黏高粱米元宵、豆面年糕、驴打滚、大小黄米粽子、爽口凉粉、砂锅红薯、油糕、黏火烧、老豆腐等,真是数不胜数、花样百出。

老王把式的应时小吃 老王把式是位回族长老,古北口的小吃他能做出30多种。自民国初年开始,老王把式就在古北口大街上卖小吃,凡是到他摊儿上的人,没有不花钱的。其突出的特点,就是随季节而应时变换。

冷天的面茶 王老把式每日天没亮,就挑出做好的小米面面茶。面茶盛在碗里,撒上一小勺炒盐水,再倒上些许有多道作料的麻酱。上早学的孩子买上一碗,不用勺、不用筷子,双手捧着碗沿喝,直喝到碗底,又香又热,温暖全身。

20世纪30年代古北口河西村街市

正月的元宵 把白黏高粱碾成细面,将含有核桃仁、花生仁、桂花、青丝、红丝、红糖的馅,蘸上水,放在有黏面的簸箕中,摇成直径3厘米左右的元宵,大小相近,厚薄均匀,随煮随卖,黏而不腻,香甜可口。

春季的豆面糕 将黍子碾成细面,蒸成糕,擀成片。再将黄豆炒熟,碾成细面且拌上红糖,撒在年糕片上,卷起来,切成6厘米宽段,放在蒸锅里馏熟后,就可以吃了。其味香甜,黏而不沾。

端午节的粽子 糜子米,放上密云小枣、白芸豆,用苇叶、马莲包捆,放入锅内加水煮熟。此时的粽子,可谓小巧玲珑,剥开则是鲜艳的红、黄、白三色,枣甜味鲜,芸豆酥烂,黄米黏香。

夏季的凉粉 用绿豆或杂豆的粉面做成,用搜子刮成条,拌上芥末、醋,称"酸辣凉粉",吃了满口生津,凉爽舒坦。

秋后的砂锅红薯 热气腾腾,咬破比纸还薄的红皮便是细腻腻的黄瓤。霎时,温馨的香味在黄叶簌簌飘坠的村巷里弥漫开来,使得古镇如秋江里的一页小舟似的悠悠然荡入半痴半醉、出神入化的境界里。

油炸糕 细黍米面外蘸粗黄玉米面,包上小豆豆沙,炸出来外焦里嫩,香脆可口。

老豆腐 秋冬季节也卖老豆腐,放上韭菜花儿、辣椒酱、蒜汤儿。吃客大碗擎起,食之不足驱寒而耐饥,贪嘴过量也决不伤脾胃,在贫苦岁月可谓既节俭又实惠的第一流饭食了。

古北口烧饼 古北口的烧饼,远近闻名,尤以丁大把烧饼铺、"狗二爷"烧饼铺、哈家烧饼铺最为出名。

丁大把,原名丁全吉,回族。其烧饼所用的芝麻,每天均由他的老伴儿将皮舂掉,没有一粒芝麻带皮。所用的麻酱,火候适度,不老不嫩。之后,用木柴火、吊炉烤出来的烧饼,芝麻不糊不生,既酥又嫩,香气扑鼻。

古北口河东村北头烧饼铺,是绰号叫"狗二爷"的满族人开的,其烧饼芝麻匀,层数多,外焦里嫩,又酥又脆。

回民哈二麻子在古北口河西村开的点心熟食铺,名为"桂香斋",也称哈家烧饼铺。这里的烧饼,俗称清水瓢子烧饼,有50多层,酥香可口,和羊杂碎搭配起来吃,其味更鲜。此外,这里的月饼也很出名,油大不腻,馅儿料全,吃起来香、甜、酥、软,多数销往北京。

穆祥如(回族)的面茶、豆腐脑儿 面茶是小米细面熬成茶汤,盛在碗里,淋上芝麻酱。食客一边喝面茶,一边吃着丁大把的烧饼。

他做的豆腐脑儿，卤里面有面筋、木耳、榛蘑、蒜汤，吃起来鲜嫩顺滑。

杨顺把儿（回族）的羊杂碎　在丁大把的烧饼铺门外，羊杂碎干净利索，香、烂、肥、清，切一碗，浇上汤，就着烧饼，味道鲜美。客人买回家去做招待客人的菜汤，放上香菜、醋、胡椒粉，沁人心脾。

朱老汉的豆制品　河西村朱老汉外号"猪头冻"，他做的绿豆馇、豆腐、豆腐丝相当有名。其绿豆馇，薄软之中带有挺劲，熘、炒、烩、炖均可。更有趣的是，老人将豆腐、豆腐丝做好后出摊时，因口齿不清，吆喝起来很有特点，乍一听是"弄不""弄不深儿"，实际上吆喝的是"豆腐""豆腐丝儿"。

汤万顺的切糕　汤万顺，古北口南关人。他每天推一车切糕到古北口街上卖。切糕是把湿大黄米均匀地撒在铺满豆和大枣的屉上，下面锅里的水烧得翻滚，面撒完切糕也熟了。卖的时候，将切糕切得像纸一样薄，用小棍儿一扎，枣甜、豆酥、色黄，黏而爽口。

河西李恩禄的绿豆凉粉　李恩禄，回族，外号"李大个子"。他做的绿豆凉粉，青绿透明，在凉水里泡着。客人随来随用搂子刮条，拌上盐、醋、蒜末、味精、辣椒油、酱油等调料即成。清凉爽口，醒脑提神，具有祛血脂、降血压的功效。

河西贾亮的冰糖葫芦　老贾做的冰糖葫芦，糖翅儿长，刮大风时上面不粘沙子。穿起来的红果，看着是整个的，吃着却没有籽儿。带馅儿的糖葫芦里有瓜子仁、核桃仁、花生仁。他每天挎着葫芦篮子出来，到东栅子吆喝一声，到西横街吆喝一声，之后便不再吆喝了。因为两声吆喝，听到的买家很快便将糖葫芦买光。那时候，古北口卖糖葫芦的有十几家，都要等老贾的糖葫芦卖完了才出来，因为他的糖葫芦"技压群芳"。

张家粉坊的豆制品　　其绿豆宽粉、粉丝、豆面馇驰名古北口长城内外。这种粉条、粉丝无论生熟都明光透亮，不管是大火温还是小火炖，回锅几次也不断条、不黏汤，吃起来筋韧绵软。其豆面馇，颜色鲜黄，薄如纸片，将其切成菱形块，无论是和肉片一起烩着吃，还是裹上肉馅炸着吃，都不裂不碎，别有一番风味。

诗文撷英

雄关古塞气独清,四月黄鹂止树鸣。
勒马看山寻旧迹,还镳指路话平生。
闲云曳雾迷层巅,碧涧飞涛奏玉笙。
行列翠微深处远,诗人惬意发幽情。
——清·永忠《古北口道中作》

走进古北口,便如走进了文学宝库,每接触这里的一处古迹,都会有相应的古诗文辞、清词丽句闪现出来,任我们去联想、品味。让人从那些诗文中发掘沉甸甸的记忆,浮想其间曾经发生的故事,追寻那种"事外有远致"的神韵。于是,历史的神经与血脉,生命的欢娱与悲戚,在这里便赋有了诗性,赋有了超越时空的魅力。

苏辙古北口吟咏

苏辙(1039—1112),字子由,眉州眉山(今属四川)人。宋仁宗年间,官至尚书右丞、门下侍郎。与父苏洵、兄苏轼合称"三苏",均列入唐宋八大家。

宋哲宗元祐四年(1089年)冬,翰林学士苏辙等4人奉使契丹,贺辽道宗生辰。翌年正月初使者返回宋境。苏辙在奉使契丹途中作纪事诗二十八首。其中较为著名的途经古北口时写成的《奉使契丹绝句二首》,其诗曰:

一

乱山环谷疑无路,小径萦回长傍溪。
仿佛梦中兴蜀道,兴州东谷凤州西。

二

日色映山才到地,雪花铺草不曾消。
晴寒不及阴寒重,揽箧犹存未著貂。

这两首诗描写了古北口两种不同的景观，它们之间既有时间和场景的不同，也有诗人自身体验的不同。

第一首诗写诗人对古北口的最初印象。首先引起作者注意的是这里环抱的群山和崎岖的道路，它们使诗人想起"兴州东谷凤州西"的蜀道。作者是四川人，对蜀道自有一番切身的体会和深厚的感情。这四句诗看似平淡，轻描淡写中却透出了古北口地势之险峻。诗人把古北口环合的群山和号称天下第一险的蜀道联系起来，诗人所走的道路正是一条小溪在群山中开劈开的小径，此外别无他径可寻。可见，此地也呈现着"一夫当关，万夫莫开"的阵势。但诗人对古北口险要的地势并没有做过多的渲染。作为一首游记诗，诗中所表达的主要是一种初游胜地所产生的新奇感和愉快感，同时又掺进一丝淡淡的思乡情绪：北国的险关堪比蜀

古北古道通南北

道的峻峨，故乡的景物不禁在脑海中闪现。

第二首诗紧呈第一首，继续写在古北口的所见所感，但场景发生了变化。第一首诗中所写景物的季节感尚不明确，只是诗人对古北口的一些粗糙印象。第二首则明确地指明是雪景中的古北口。从诗中可以看出，诗人在古北口已经停留了一段时间，对这个地方的地势、景物和气候变化都有了更深的了解，因此诗人便从第一首诗中的泛泛勾画转入了对具体场景的细致描绘。诗中描绘了这样一个意象：一夜雪花飘过，太阳升起来了，积雪依然覆盖着地面，但天气已经转暖，诗人带着貂皮做成的大衣，准备出发了。这首诗和第一首不同，看起来只是写景，写古北口雪地气候的变化。但这些景也就是情，说明诗人已完全投入到古北口的自然景物中，开始领略它的美丽雪景和特有的自然神韵。这首诗的最后两句最能揭示诗人的心情。诗人好像只是在考虑：天气转暖了，出去时不用穿貂皮衣裳了吧。但它内在里却表现出诗人热爱自然、投身自然的迫不及待的心情。塞北的雪景吸引着他，一大早便要"揽筴"赏雪去。

这两首诗所写的场景虽然不同，但它们的内在风格却是统一的。两首诗中没有惊喜的呼喊，没有恣肆的感情抒发，表现出来的是朴实无华，含蓄深沉的抒情风格。诗人将其所见所想平淡无奇地叙述了出来，意象十分单纯。能够把深沉的情感蕴藏在这样平淡的语言和单纯的意象之中，诗人的抒情才更见真诚，更见得珍贵。

顾炎武雄关慨叹

顾炎武（1613—1682）是明末清初伟大的启蒙运动思想家，与王夫之、黄宗羲并称为"明末清初三大思想家"。其一生著述多达 41 种，约 432 卷，开清代朴学之先河，尤其是其所著《昌平山水记》中有大量关于古北口地区历史、地理方面的记述。

顾炎武是一个具有坚强民族气节的爱国者。明亡后，他积极参加抗清斗争，力图恢复故国。清朝统一后，他怀念故国，不与清朝统治者合作。他遍游华北，并远赴塞外考察地理情况，仍在为抗清做准备工作。作者在古北口考察地形时曾做《古北口四首》，其中尤以第四首最为有名，诗云：

雾灵山上杂花生，山下流泉入塞声。

却恨不逢张少保，碛南犹筑受降城。

诗的前两句，写诗人当时在古北口所见到的情景。这两句是说，古北口的关防已废除多年，现在是杂花乱生，一片荒芜，山泉在关口下静静地流淌着，古北口昔日的雄伟壮观景象已经看不见了，呈现在诗人眼前的却是一片悲寂。这两句虽是写景，但此时诗人绝没有心情去描绘野山野景的姿容，相反，却是借眼前所见的景致抒发自己忧国之情。这里本来是一处险要关口，是防御外敌的屏障，现在却成了如此景象，诗人怎能不痛心疾首呢？因

顾炎武雕塑

而，在这里诗人是用一种很凄楚的情怀来写山水，映衬自己的心情。"杂花生"是说一丛丛颜色不一大小不同的野花乱七八糟地到处生长，很是杂乱。这里虽然还称关口，但已经是名存实亡。守关的士兵早已不见了踪影，只有山泉还在静静地流淌。

诗的后两句，诗人借景抒情，抒发自己的感慨。"张少保"即张承荫，明万历时任辽东总兵官，他积极整顿边防；"受降城"借指防御敌人的关口，在这里暗指古北口关防。这两句是说，只恨再也没有像张承荫这样为国出力的名将了，如果这样的人还在，一定会整顿好古北口关防，使它重新成为防御外敌的屏障，从这两句里我们可以看出，诗人对明末不重视边防所造成的后果是何等痛心疾首，一个"恨"字，正是诗人这种心情的写照。

这首诗写得沉郁、苍凉、悲壮，诗中充满了诗人对国家兴亡的强烈责任感以及对清朝统治者的不满和对明王朝的眷怀之情。

整首诗洋溢着高尚的爱国激情,写出了诗人积极的爱国情怀,读罢掩卷,仍令人感慨万千。

顾陈垿赋诗

顾陈垿,字玉亭,江苏太仓人,康熙时举人,其诗学吴梅村,风格清雅,且通字学、算学、乐学和医学等,有《土风录》《洗桐集》《抱桐集》等多种著作存世。他曾游历古北口,并作《古北口》诗一首。

地险雄关归,秋临独客惊。

马头悬汉月,山背络秦城。

草带烽烟色,蝉为朔吹声。

舆图正无外,大漠亦神京。

战争直接带给百姓的是难捱的苦难,战争留下的塞外边关,又间接地为众多诗人们提供了登临、体验的情境,孕育出无数雄风浩荡,气势悲壮的诗篇。顾陈垿的《古北口》正是这样一篇杰作。

开篇:"地险雄关归,秋临独客惊。"诗人展示了古北口的雄姿与险势。归,有集中的意思,极言古北口地势险峻,为天下雄关之最。独客,既交代了诗人是独自一人登临雄关,更由此牵动了一巨幅画卷。战后的边关显得格外沉静,站在无垠的荒原上更见雄奇、悲凉,孤独的诗人在一个秋日登临其上,面对巍巍雄关，他为之震撼，不禁油然而生肃穆之感。这一句诗化用了唐朝诗人陈子昂的《登幽州台歌》的意境："前不见古人，后不见来者，念天地之悠悠，独怆然而泣下。"不同的是陈子昂对悲怆，对身世之感，而顾陈垿则陶醉在悲壮、雄奇的古北口情景及往事的回忆中。

第二、三联作者具体抒写所见所闻及所感。"马头悬汉月，山背络秦城。"借用唐诗中"秦时明月汉时关"的典故，展开一幅阔大、空寥的画面。络，意即绵延不断。马头仰见的月亮该不是汉代边关上高悬的月轮？山脊上绵延不绝的不正是秦朝始建的万里长城？长城与月轮使古北口雄伟而悲壮：多少战事，多少兴亡，眼前的汉月、秦城正是历史的见证。化用典故，开拓了广阔的时空，为诗增添了深远的意境。一悬一络，有静有动，如果说"马头悬汉月"是一幅剪影、一个画面，言有尽而意无穷。那么"山背络秦城"则是一巨幅青绿山水的画卷，气势磅礴，给人以深沉、厚重的历史感。

第三联，诗人在描写中进一步展开想象。"草带烽烟色"，眼前遍野的荒草上好像还残存有战争烽烟浸染的痕迹。这一句也许是写实，也许只是诗人主体的感受幻化出来的荒原意象，以衬托的笔法显示当年战争的艰苦，那残草败枝正是今日对过去的追悼。"蝉为朔吹声"，进而在阔大空寥的画面中加入悲凉悠远的声音，更显得苍凉、悲壮。朔吹，指塞外胡笳的声音。其中蝉鸣令人想起当年边关塞外回荡萦绕的胡笳的声音，令人产生世事变迁之感。从第二、三联总体看，诗人的心情是复杂的，他看到历史发展必然一统的趋势，但又无法回避战争给边关内外百姓带来的痛苦与灾难。

诗进行到最后一联，诗人跳出矛盾心情的困扰，盛赞大一统的气势，版图之大没有内外正偏之分，大漠地区也由神京控制。全诗的非凡气概到此达到顶点。此诗终而以雄强气势取胜，悲怆之感只是插曲。

纳兰心事儿曾知

纳兰性德是清代满洲正黄旗人，出身名门贵族，他的父亲明珠是权倾朝野的宰相，官阶从一品，位列文官之首；他本人更是一路春风得意，十八岁中举，二十二岁成了二甲进士，后来被授为皇帝的一等侍卫，出入扈从，显赫无比，直到三十一岁去世，一直得到康熙帝的青睐和倚重。他天资早慧，英才艳发，是清代成就卓异的词人，曾被王国维誉为"北宋以来，一人而已"。纳兰词在其生前就有刻本问世，产生过"家家传唱"，"传写遍于村校邮壁"的轰动效应。

纳兰曾多次过古北口，如康熙十六年（1677年）十月，扈驾赴汤泉；康熙二十一年（1682年）六、七月，奉太皇太后出古北口；康熙二十三年（1684年）五月至八月，出古北口避暑等，因而留诗词多首，其中最为有名的便是《浣溪沙·古北口》，其

纳兰性德像

词曰：

　　杨柳千条送马蹄，北来征雁旧南飞，客中谁与换春衣？终古闲情归落照，一春幽梦逐游丝，信回刚道别离时。

　　本篇究竟作于何时，很难确知。不过从词中"谁与换春衣"来看，可能作于康熙二十一年（1682年）春末。这首词仍是表达了厌于扈从生涯，思念家园、思念闺中人的情怀。

　　上阕开头两句写景。杨柳千条，征雁北来，是塞上常见的春天景象。看似随手拈来，质朴无华，其实包含着深意。杨柳是送客别离的象征，"昔我往矣，杨柳依依""年年柳色，灞陵伤别"，杨柳的柔丝总是和离人牵缠在一起；鸿雁则是传递书信的象征，"北海雁书迟""寸心凭雁足"，南来北往的大雁同样牵动着亲人的思念和盼望。词人此际兀立塞北雄关,收于眼底的,偏是这涂抹着离愁的杨柳和牵动着乡思的征雁。灞桥烟柳犹有亲人折来赠别,塞上垂条却只是相伴寂寂的马蹄,去年在这里见到塞鸿南归,今年在这里又见征雁北来,它捎来亲人的书信问候了吗?此情此景,触目关情,怎能不使人思念家乡,思念亲人?如果在自己的家中,也许爱妻早为自己换上了轻滑的春装,踏青寻芳,相与旖旎,而眼下却只有衣上征尘,路旁柳色,天际断鸿,词人禁不住脱口说出:"客中谁与换春衣?"这一问,似被前两句的柳色和征雁催出,自然如流水。词人对温暖舒适的家庭生活的向往,对孤寂辛苦的羁旅生活的厌倦,也都在这无可奈何的问话中倾吐出来。

但是,作为"侍前一等侍卫",词人必须恪尽职守,欲罢还休。所以词的下阕作者幽幽咽下这略带愤懑与惆怅的发问,转化作无奈的自叹自解。终古不绝的闲暇情怀都付与西沉的落日,随余晖渐熄渐灭,不断袭人的幽怨梦魂也追逐虚空飘拂不定的游丝而去,变得更加虚幻无着。这绻绻缠绵的游丝使人很容易联想到上阕出现的杨柳千条,那垂拂的柔枝不也在牵动词人不尽的思绪与梦魂吗?积在心头的绵绵思念是那般凝重,以致写信回家时一时不知从何说起,只淡淡说一句"分别多时"。"别多时"三个字似淡实浓,似轻实重,因为作者把浸入骨髓的思念之情都注进这三字之中。这里的"信回"又使人很容易地联想到上阕的征雁,焉知这信不是由鸿雁引出的呢?情景交融如水乳不可分,是即景抒情之作的最佳境界,纳兰深得个中三昧,写来浑然天成,不着痕迹。

在历史上代有佳构的征人思乡之作中,纳兰的《浣溪沙·古北口》别以幽婉动人。语言看似淡，其实情浓似酒，以婉转平和的方式表达出来，反倒格外动人心魄。

康熙诗咏古北口

古北口是清帝由北京到承德避暑山庄和塞外围场的必经之地。康熙皇帝曾经多次路经古北口，并留下多首吟咏古北口的诗篇。1683年，康熙路经古北口并写下了《古北口》诗："断山逾古北，石壁开峻远；形胜固难凭，在德不在险。"诗不仅描绘了古北口的险峻，而且明显表达了作者的思想：只有修明政治才能使江山稳固，而天险是不足凭恃的。"在德不在险"一句出自《史记·孙子吴起列传》："武侯浮西河而下，中流，顾而谓吴起曰：'美哉乎山河之固，此魏国之宝也！'起对曰：'在德不在险……'"

康熙咏古北口的诗并不只这一首。他曾站在古北口，遥望雾灵山并写下《晓发古北口望雾灵山》："流吹凌晨发，长旆分塞外。远峰犹见月，古木半笼云。地迥

康熙皇帝像

疏人迹，山回簇马群。观风当夏景，涧草自含薰。"雾灵山位于古北口东南密云和兴隆县交界处，最高峰海拔2100多米，山势雄壮，景色优美。流吹：指笛箫一类的吹管乐器。旆：旗帜上的飘带。夏景：夏天之景。诗不仅写康熙出塞时旗帜招展、鼓乐齐鸣时情形，写出了雾灵山的景色，也写出了康熙的欢乐心情：雾灵山比古北口要高，站在天险古北口，登山望山，别有情致。时间有值夏季早晨，满山青翠，空气清新，一队人马缓行在青山之中，确实是一幅难得的图画。康熙帝还写有《回銮抵古北口》一诗："黄谷清河古戍间，銮车此日省方还。长林曲抱千溪水，小径斜通万仞山。地扼襟喉趋朔漠，天留锁钥枕雄关。时平不用夸形胜，云物秋澄斥堠闲。"清河，指潮河。古北口位于潮河畔，河连边是崇山峻岭，雄壮的古长城蜿蜒于东西两侧的山岭上。戍，指边防区域的营堡城垒。古戍，借指长城。斥堠，指放哨的人，即边关的将士。天下太平，边关的将士也就清闲无战事。

虽说烽烟不起，"斥堠"清闲，但康熙时对古北口的防备依然重视，他曾亲自任命古北口的总兵官。古北口守军也是清军中的一支精锐部队。康熙二十九年（1690年），古北口新设立藤牌军。这年十月，康熙谕大学士曰："古北口创设藤牌军，统辖之总兵官，务选习于战阵、材技优于之人授之，使不时操练，襄阳总兵官蔡元，谙熟戎事，著有劳绩，著授古北口总兵官。"康熙三十年初，康熙令古北口新增驻兵600名。夏季，新任古北口总兵官蔡元上疏说，自己属下只有步兵600名，加上自带随丁150名，合计750名。请按照宣府镇的标例，再增兵750名，分设两营。康熙立即同意了蔡元的请求。这年四月，康熙北巡路经古北口，不仅驻跸古北口，而且亲自检阅了古北口官兵。对古北口的整肃军容和战斗力，表示十分满意，康熙赐给蔡元袍褂一袭、银500两、马一匹，对其他官员也分别给予奖赏。随后，他命蔡元率古北口守军和他一起北巡，在多逻诺尔（今内蒙古境内），康熙大会喀尔喀蒙古诸部，并命随从官兵进行军事表演，以示清军强大，古北口精兵也参加了这一表演，在返京路上，康熙帝对侍从大臣说："昔秦兴土石之工，修筑长城，我朝施恩喀尔喀，使之防备朔方，较长城更为坚固。"再次表明了他"在德不在险"的思想。

但是，对于修复古北口长城一事，康熙帝是坚决反对的。这突出表现在康熙三十年（1691年）五月，发表的一道关于不修长城的上谕上。这条上谕发表的原因和内容，《清圣祖实录》记载如下：

康熙三十年五月丙午，工部等部门议覆："古北口总兵官蔡元疏言：'古北口一带边墙，倾踢甚多，请行修筑。'应如所请。"

上谕大学士等曰："蔡元所奏，未谙事宜。帝王治天下，自有本源，不专恃险阻。秦筑长城以来，汉、唐、宋亦常修理，其时岂无边患？明末我太祖统大兵长驱直入，诸路瓦解，概莫能当。可见守国之道，惟在修德安民。民心悦，则邦本固，所谓'众志成城'者是也。如古北、喜峰一带，朕皆巡阅，概多损坏，今欲修之，兴工劳役，岂能无害百姓？且长城延袤数千里，养兵几何，方能分守？蔡元见未及此，其言甚属无益。"

这位高瞻远瞩的大帝认为，砖石筑成的长城的作用是有限的，它抵挡不住那些问鼎中原的塞外铁骑。大明的长城修的何等巍峨，八旗军不是照样跨越，扫荡天下吗？要想真正天下太平，为人君者必须以德治天下，深谋远虑，励精图治。如此，则四海承平，八方来朝，还要长城何用？民心，才是真正的长城，所谓众志成城是也。这番鞭辟入里的深邃思想，历代帝王中，也只有康熙拥有。当年，经过古北口的康熙曾赋诗曰："云开灌木万山清，缥缈前旗拂晓星。漫道穷荒人迹少，几家烟火簇边庭。"

烟火虽少，却是炊烟。能将本是狼烟滚滚的地方变成炊烟袅袅，仅凭这一点，就应当说是一位明主圣君了。同样是生于深宫大内，同样是少年登基理事，康熙要比他后世的那些子孙们圣明千倍。

康熙这一思想，更为鲜明地表现在了《出古北口》一诗中："年年秋狝此经过，峭石天成险隘多。沙漠名王皆属国，但留胜迹壮山河。"在康熙的心中，只有选任贤能，精心理政，才能竖立起真正的长城，恰如他在《古北塞上望月》一诗所云："桂树清光挂碧天，云开万里塞无烟。远人向背由敷政，惟在筹边与任贤。"万里长城、古北口，作为军事工程，已经结束它的历史使命。而作为山河胜迹，则千秋壮丽，永放光芒，这就是康熙笔下的古北口。

曹寅中秋颂古关

曹寅（1658—1712），字子清，号荔轩。祖籍辽阳（今属辽宁），一说丰润（今属河北），后隶属满洲正白旗包衣。父玺，康熙元年（1662年）以郎中差江宁织造。母孙氏，为康熙乳母，故曹寅深得康熙帝信任。康熙二十九年（1690年），以郎中差苏州织造，连任20年之久。二女均被选为王妃。《红楼梦》作者曹雪芹，即为曹寅之孙。曹寅有很高的文学造诣，能诗词及戏曲，于康熙五十一年（1712年）编其诗八卷。曾主持刊刻《全唐诗》。

曹寅曾在某年中秋节旅居古北口，月圆之夜赋诗一首，名《古北口中秋》，其诗以清丽典雅传承于世，诗曰：

山苍水白卧牛城，三尺黄旗万马鸣。

半夜檀州看秋月，河山表里更分明。

这是一首景物诗。古北口为长城的重要关口，长城在古北口一带高下弯环，左右山势无际，势如长蛇。关门凿山而成。宽仅容车，形势异常险峻，为京北重镇。故在清代康熙时便设直隶提督驻守在这里。

诗的首句便是描写古北口的山川形胜的。站在古北口纵目远望，只见山色苍苍、水色茫茫，营城雄踞山巅，如卧牛伏在山顶。因此地有重兵把守，营城中飘扬着三尺长的大旗，军营中万马长嘶，萧萧齐鸣，十分壮观。杜甫《后出塞》诗有"落日照大旗，马鸣风萧萧"的名句。将旌旗与万马嘶鸣结合起来，给人悲壮的艺术感觉。这一烘托使雄关古北口的山川形胜更加壮丽。以上两句，是写中秋节日间的所见所闻。三、四两句则借助月色描写古北口附近长城内外大好河山的壮丽。檀州的旧治在密云，古北口属檀州，此用檀州代古北口。在中秋佳节的明月之夜，在地势高峻的古北口欣赏月色，长城内外祖国的表里河山，看得格外分明。"山河表里"写形势险峻，语本《左传·僖公二十八年》的"若其不捷，表里山河，必无害也"。在这里欣赏中秋月色与赞美祖国的大好河山融为一体，收到了很好的艺术效果。

总之，这是一首描写关塞，赞美古北口壮丽山河的诗。作者描述了古北口山高水险，一城扼守河边的险要形势。"山苍水白"一句写得好，关山峻远，方呈苍色；潮河浪急，故言其白。戍守在古北口的将士在潮河谷地操演练兵，旌旗飘扬，万马嘶鸣，场面威武雄壮。接下来笔锋一转，言要真正领略古北口的雄姿，还须在中秋朦胧的月色中，"河山表里更分明"，使诗意又进一层。这首小诗以描写古北口的山水入手，歌颂祖国河山，表达了康熙盛世国力富强，国泰民安的升平景象，并概括古北口形势之险要流露出作者热爱美好江山的情感。诗境曲折有致，立意巧妙，耐人寻味。

赵翼两咏古北口

赵翼（1727—1814），清史学家、文学家。字云崧，号瓯北，江苏阳湖（今武进）人，乾隆年间进士。官至贵西兵备道。辞官家居后主讲安定书院，专心著述。他长于史学，考据精赅。论诗主张"独创"反对模拟。一生写诗五千多首，与袁枚、蒋士铨合称"江右三大家"。

赵翼多次以军机中书身份随乾隆帝出塞至木兰而途经古北口，故留诗作多首，1756年赵翼第一次经过古北口，其《出古北口》诗云：

> 锁钥凭天险，因山戍垒成。
>
> 千盘蛇阵势，十里马蹄声。
>
> 隘比函关扼，危如剑阁行。
>
> 时清无警备，不用慎长征。

1758年，赵翼再次经过古北口，兴致不减，又书《再出古北口》一诗：

> 紫塞秋风紧，凌寒踏晓霜。
>
> 潦余水尽白，关外柳先黄。
>
> 饮马长城窟，吁鹰古战场。
>
> 平生登览兴，敢惜鬓毛苍。

由于是秋天北行，诗人着意描写长城秋意。首句用一个"紧"字，抓住塞外秋风猛烈的特色。作者随驾冒着寒冷踏着晨霜出关，一路所见，潮河水已退去夏日的洪波，岸边的沙土地泛出一片白色；关外的草木开始凋零，柳叶由绿变黄，一片秋风萧瑟的凄凉景色。

自古以来，征人路出长城，常在泉窟边饮马歇息。"长城窟"也是征人艰难历程的代名词。苍鹰在古战场上盘绕鸣叫，使作者想起古时将士建功立业和保家卫国的英勇。追溯古今沧桑，感慨历史的变迁，作为一名历史学家，平生的兴致就是登高览胜，寻游古迹，抒发情感，哪怕两鬓苍苍。

这首诗借景抒情，韵调流美，读来有一种奔逸英爽之感。

魏源古北口咏雪

魏源（1794—1857），字默深，湖南邵阳人，中国近代著名思想家、学者和诗人，与龚自珍齐名，世称"龚魏"。鸦片战争期间，他曾受林则徐嘱托，编成《海国图志》一书，主张"师夷长技以制夷"，即学习西方技艺，制造枪炮，加强海防，抵抗外国侵略，对近代中国起到了极为重要的思想启蒙作用。若说起魏源与古北口的渊源，还有一些鲜为人知诗文逸事。

道光二年（1842年）是清代三年一度的正科考试，魏源三入北京,一举得中顺天乡试举人第二名。终于越过举人关,取得会试资格,在通向理想天堂的台阶上,又迈了一大步,魏源自然是十分欣喜。恰在此时,直隶提督杨芳在古北口任上,其家馆塾师张琦以知县,分发山东,故杨芳信邀魏源、邓传密二人去杨家教其子杨承注。魏源也想借此了解西北形势,遂应邀前往古北口,开始了在古北口的两年生活。

魏源像

古北口自古便以险要著称,号称"京师锁钥",历来为兵家必争之地,这深深触动了魏源的心扉。基于此,魏源这个有心之人,在教读之暇,游览长城,访求古代兵家遗迹,考察山川形势及关隘险要,并积极向杨芳请教军事。这成为他日后喜谈军事及留意西北地理形势的开端,这正是魏源思想的重大转折。可以说,正是在古北口近两年的养志,最终铸成了一代近代启蒙思想名家。

1844年,在魏源离开古北口二十多年后,曾写有一诗,诗云:"读史筹边二十年,撑胸影子是山川。梦回汉使旄头外,心在秦时明月先。"仔细品味该诗,即可体会到早在二十年前,魏源在古北口时,即开始研究古今边疆防务和西北地理。当时支撑魏源心胸、滋养其志向的,是古北口的山川险隘,以至于二十年后他仍念念不忘。由此,我们完全可以说,在古北口的两年,魏源"心系天下"的情怀始终未泯。在游古北口山水在很大程度上有开阔视野、开放思想的一面,渗透着一种近代意识,借山水地理阐发他的改革宏图,完全是那种积极进取精神和爱国精神的体现。

魏源在古北口时,曾于道光三年(1823年)十一月,作《雪诗三章柬潘少白山人》五言律诗三首。其一云:

空山寂无声,声在白云远。
积雪满前溪,但见牛羊返。
芦深雁宿沙,水涸鱼上笕。
遥怜远征人,冲寒陟云巘。

据故宫所藏各地督抚将军等关于雨雪粮价奏报,道光三年(1823年)十一月二十日前后,华北、华中等地普遍降雪,降雪面积之大,可谓空前,尤以河北省为最,自二三寸不等。

由于许多地方长期干旱,这次大雪是入冬以来第一场大雪,正在冬至日(十月二十一日),对于大小麦等作物的生长极为有利。道光皇帝接到奏报后,曾加朱批云:"十九日京中亦得雪三寸有余,朕曷胜感幸。今览卿等奏,弥深欣慰也。"又批云:"欣慰览之。"

道光三年(1823年)十一月二十一日,直隶提督杨芳奏:"窃古北口边内外,于本月十九日卯时起,日瑞雪轻霏,平地积雪厚三寸,沾此祥瑞,丰年有兆,蔀屋欢腾,浓阴广布,远近自然一律均沾。"

当时魏源正在杨芳幕中,其喜悦之情自不在话下,于是欣然提笔,写下吟咏雪中名关的优美诗篇。其诗,字字珠玑,缀在了古北口史册当中。

参考资料

尹钧科.北京古代交通.北京：北京出版社，2000.

尹钧科.北京建置沿革史.北京：人民出版社，2008.

北京民间文艺家学会.雄关御道古北口.北京：文物出版社，2007.

王长青.长城放歌.北京：北京艺术与科学电子出版社，2008.

白天.古北口往事.北京：中国城市出版社，1997.

白天.古北口往事续.香港：香港国际友人出版社，2001.

白天.古北口史考.北京：文津出版社，1993.

白天.古北口传说故事.北京：中国文联出版公司，1995.

白天.古北口揽胜.北京：北京燕山出版社，1993.

薄家景.青杨书屋闲话.北京：中国文联出版社，2006.

李国锋.京师锁钥——古北口.北京：经济管理出版社，2005.

密云县委党史办.古北口抗战纪念文集，2003.

密云县委党史办.密云地区解放战争时期史料选编,2008.

密云县政协.文史资料选编(第一、二辑),1988.

热河省公署古北口办事处.古北口志,1935.

罗哲文.古北口长城.

张宝秀."京北锁钥"——古北口的历史演变.北京联合大学学报,1998,(3).

周峰.辽金时期的古北口.辽宁教育学院学报,2000,(4):38-41.

后 记

  古北口，是北京锦绣裙上的一颗明珠，它素以历史悠久、古迹众多而闻名中外，向有"京师锁钥"之誉。天然形成的险关要塞，守之则有万夫莫克之利，失之则有全军覆没之危，可谓"地扼襟喉趋朔漠，天留锁钥枕雄关"。由于特殊的地理位置，这里理所当然地成为重要的通道，成为民族融合的前沿。因此，古北口采民族文化之精粹，纳四海之新风，在中华大地独树一帜。千百年来，为华夏文明的历史长卷增添了绚丽多彩的华章。由此，2008年，古北口成为中国魅力名镇。2009年又获得"中国历史文化名镇"和"北京最美乡村"两项殊荣。

  迈入近代以来，古北口走在反抗外来侵略和民族解放斗争的前列，光明与黑暗在这里轮番较量，无数爱国志士在峥嵘岁月中前赴后继，用鲜血写下了无数彪炳千秋的史诗。他们在硝烟中出没，在时局中坚撑，殉国于清风明月，幸存于铁马冰河。时光流转，伟人的丰功伟绩，英雄的横刀立马，多已家喻户晓，只有长眠在古北口长城脚下的无名战士，似已被流云吹散。但残存的当年与残存的他们却铸就历史的肌理与血肉，更有那真实的细节与人性，值得我们珍藏。这就是历史。

如今的古北口，这片古老而又年轻的土地，正以前所未有的激情和抱负在改革大潮中搏风击浪，以挺拔的风姿接受着时代的洗礼。但不可否认的是，今天我们正身处在一个奔跑的年代，也身处一个忘却的年代。因为奔跑，我们来不及怀念；因为忘却，我们想不起已经消逝的过去。当古老的大地越来越意识到她需要依托文化的积累与更新走向现代文明时，我们的文化使命便显得异常珍贵。

本书就是在这样的前提下写成。笔者力图通过叙述，为读者提供一种研究古北口历史文化的独特视角，使读者在研读之后有所获益。但由于古北口历史文化的博大，更由于笔者的学识和笔力，其中定会有诸多疏漏或不妥之处，望大家多多指正。

"青史字不泯，时代展新篇。"希望古北口的明天更加美好。

2017 年 11 月